大展好書　好書大展
品嘗好書　冠群可期

大展好書　好書大展
品嘗好書　冠群可期

名人選輯

8

西蒙波娃

傅　陽／主編

品冠文化出版社

前言

進入大學哲學系，專攻哲學的女性可說是少之又少。女人研究哲學在幾十年前甚至可以說是一種不可思議的現象。「女人為何要學哲學？」或「女人什麼時候開始重視人的思想了？」諸如此類的令人煩惱質問屢見不鮮。甚至都被逼到必須以哲學的方式來說明女人存在的理由。

當時，女哲學家可說少之又少，因此，對於女性哲學的討論也就非常稀少。而西蒙波娃便是第一位從事女性哲學的先驅。縱然她的意見多少受到爭議，但很多人依然是波娃的擁護者。

如果要將西蒙波娃的著作做一個註解，毫無疑問的可以用以下的一段話來表示。

「女人不是與生俱有的，而是人為形成的。」

在波娃的代表著作《第二性》中，就有這麼一段話——女人的命運並非上天註定，而是被創造出來的。這本書在一九四五年的當時引起決定性的迴響。在當時的學生確實是形成思想豁然開通的關鍵點。

女性是被既成的男性文化所製造的說法，其本身就含有對既成之男性文化攻擊的意味。而波娃所要揭露的無非是女性被製造的不公平現象和製造女性的男性文化的欺瞞。她所說的話不僅引起時代改革的精神，更將這種輝煌的光輝推動著往後的時代巨輪。

但是，思想也是具有歷史的使命。隨著時間的逝去，歷史的變遷，其思想的意味也跟隨著改變，而所要完成的角色也會隨著變化。雖然女性被視為被害者的觀點仍存在，不過，這種觀點以現代女性的眼光來看並不被認為是相同。而《第二性》也許已在光輝燦爛的歷史使命下逐漸失去它的光彩。何故呢？因為現代的社會，不僅是男性創造社會，女性更逐漸在歷史中同樣的扮演著重要角色。

因此，若以女性來刻劃歷史的痕跡，必然會發現女性獨特的個性所創造的歷史。在這個創造的次元，現代女性所表現出來的女人味，已不再和男人文化所塑造的女人味相同了。女性以特有的素質創造出的獨特價值，和男性所特有的個性必是不相同的。

放眼現代與未來，女性已清楚的能了解自己在歷史中所扮演的角色。而對於波娃所提倡的種種女權思想，雖在現代而言已並非完全適用，但它終究是一部推動時代的真實事件。所以，西蒙波娃的《第二性》依舊是一本價值不菲的古典巨著。

歸納思想家西蒙波娃所主張的思想，即是把人性的眼光投注在發展自我。詳而言之，即是遵循自己的意圖並將它作為行動的目標。而並非追逐社會習慣或他人的計劃，以自己本身的意圖去作計劃並進行活動的價值行為。

這種思想的形成，並非對人生不滿足，而是讓人在挑戰和冒險的生活中去尋求相應之道，藉由這種開發自我的能源，能使人原本被壓抑的性格顯現出來，形成生命的爆發力，而這種波娃所謂的女性的他者，或老人的他者性格所引發的起動力，是讓人類在面對冒險而能存活的一種根源。換言之，這種思想使人不斷的產生勇氣與活力堅強的面對生命的思想。

但是，波娃的思想其實是一種活動主義，因此，她認為不論是任何行為或日常生活中被埋沒的個性都應該破繭而出。這種思想所提倡的是追求真實。但從反面來說，波娃似乎認為追求未實現的自身才具有價值，而已實現的部分就被認定沒有價值。因此，對現實不能滿足的態度，使之成為評價過小的思想。這點沙特也有其共通點。

西蒙波娃的計劃和實現方面的思想都有很高的評價。然而思想雖是有所長和有所短。但不可諱言她終究是女性主義的第一代表人。我們不妨經由她的生活成長軌跡來一窺她的思想。

目錄

第三章　西蒙波娃的主要著作

第一章　西蒙波娃的生涯

少女時代

西蒙波娃的生涯可經由她自己所著作的傳記中去了解。《少女時代》《青春年華》《時勢之力》和《決算時刻》等階段均有詳細說明。而這些傳記均較波娃的小說來的有趣。因為她個人的生活和思想對人生所形成的關係，都從自傳中明確的顯露出饒富趣味的一面。

幸福幼年時代

西蒙波娃於一九〇八年誕生於巴黎。父親是律師，母親是富裕的銀行家的女兒，並熱心於天主教的信徒。作為律師的父親具有「擅於說話的魅力」，對於演戲尤其抱持著濃厚的熱情與興趣。波娃的父親相當憧憬貴族的上流社會，然而若要依其家產和名望來評價的話，波娃的家庭只能算是「平凡地位」。也即律師的地位是處於「既非貴族也非平民」之間的「不清楚」地位。而這種地位一直到波娃母方的父親破產後更是徐徐下降。

莫里斯叔父的家

破產的衝擊使波娃的父親認為無法得到母方的地位、背景和嫁金的支持，而對將來悲觀，並喪失了開立律師事務所的勇氣。

例如，波娃的外祖父破產後，波娃的父親剛開始是在製靴工廠服務，不料工廠進入財務危機，於是在親人的關係下，才得以推銷報紙的廣告版面來補充收入。這種轉變使得波娃家族住進了狹小的公寓似房屋。

幼年時代的波娃可以說是非常幸福的。她受到家族所有的關心和愛情，是一個「非常活潑的女孩」。每年一到夏天，她都會到祖父家，住住農舍，享受自然鄉間的氣息。六歲時進入上流階級子女所讀的名門學校，得到知識需求的滿足，對於信仰方面也相當的熱心。而波娃的道德教育是承教於信仰心濃厚的母親，而學科方面的知識是承教於合理主義者、懷疑論者及沒有信仰心的父方。和普通女孩子相同的是波娃是受到母親壓倒性的教育影響。

她的母親長得很美貌，年幼時就曾被形容是「笑口常開，看起來非常年輕活力又快樂的女性」。她的母親信仰虔誠，極富自我犧牲的精神，但絕非是聖人，對小孩極易發怒，教育方式有時也偏於獨裁。只是普通而感情豐富的母親。波娃曾經形容自己和母親的關係——

「母親和我，就像植物般採取一種共生的經營方式。母親是我模仿的對象，我是由母親所塑造出來的。」

雙親之間相處和睦，但二人之間卻有微妙的氣質差異。對母方而言，其具有所謂傳統的價值觀，從未察知自己是屬於何種階層，這種特有的想法相對於父方的知性和對信仰心的差異特質。使得波娃在幼年時期就承受來自於父方和母方的奇妙矛盾。

波娃的知識受到父親的指導，而精神生活則受到母親的影響。這種觀念養成了她的思考習慣——聖潔和智力是完全不同的兩碼事。

對於這點，西蒙波娃曾說：「父親的個人利己主義和不敬的異教徒標準，和母親的刻板的嚴格道德主義的教育形成強烈的對比。這種矛盾和不平衡使得我的生活成為無止盡的思考，而這種衝擊，也是使我成為知識份子的主因。」

充滿痛苦的自我形成期

和幼年時代相對照，她所要迎接的是充滿痛苦的自我形成期。她企求能尋求一個自我獨立的未來，而這種想法卻和雙親對她未來的期盼產生強烈的對立。在當時，一般法國上流階級的姑娘都會伴隨著一筆豐厚的陪嫁金結婚，而進入學校就讀的姑娘，多是因為沒有嫁金的貧窮人，為了要謀取職業才去讀書的。而波娃的情況，正是因為父親的資產散盡，而使她無法具有豐富的嫁金。

雖然這種情況偶然的實現了波娃進入巴黎大學的夢想，但是，她選擇了哲學的科系卻也使母親對她的希望破滅，甚至產生怨恨。因為「我不僅是父親沉重的負擔，更是父親資產散盡的具體象徵。」波娃如此說。

雖然這種偶然使波娃進入大學就讀，但是，對於一般上流階級年輕淑女的生活方面，父母親嚴格遵循教導一步也不退讓，因此，波娃只好在學生生涯中努力讀書並度過她絕望的青春時代。

波娃在十四歲時成為無神論者，這點使得她母親對於她所就讀的私人學校之間的感情惡化。但是，由於她通過了國家的考試，使得她能完成在私人學校的課業。然而想擁有更多的知識的思想，讓她想進入巴黎大學師範學院讀哲學系。

好在她想要進入的大學能為她謀得教職，並且是公立學校的教職，於是在一九二五年十月開始了她的學生生涯，由於她對大學的講義不能滿足，於是日夜的鑽研其他的文學作品，將所有的心力轉移至學問的研究以為安慰。實際上她的精神和心思多為孤獨而煩惱。

波娃對於社會的反抗和偏見，實際上是想要確認自我存在的價值。但對於這點而言；她的家庭卻未在這點思想上給她任何的援助與支持。

和沙特的會面

一九二九年六月，波娃正為哲學的大學教授資格考試作準備，於同期間和沙特作了會面。沙特在同學中可說是高等師範學校中的「特異分子」。他們嘲笑「資產階級的規律」和「一切的理想主義」。而波娃此時正處於摸索中而欲尋求出口的時候，在她和沙特會面之後，她就如同在大海中看到浮木般的，將她的思想一口氣的全部解放出來，對於這點而言，她可說是相當幸運的。

同年她的親密摯友札札由於母親反對她嫁給尚・普拉代爾後，喪失希望因而在憂鬱中去世。這位密友的去世是波娃一生中最難以忘懷的事件。她說：「我們在一起奮鬥，札札的死是讓我得到自由解放的代價，我一直這麼相信著。」

總歸波娃的淑女時代，可說是反逆的個人主義。然而這些都是由於她的特殊青春期所壓抑而成。也即她在尋找女性自立之道時，是在極端的孤立壓迫下形成的——她的雙親對她的行為與思想並不認同。而她為了達到女性生而自由不該處處受到禁錮的哲學理想，使得她斷絕了原本該有的親人關係，而成為極端者。

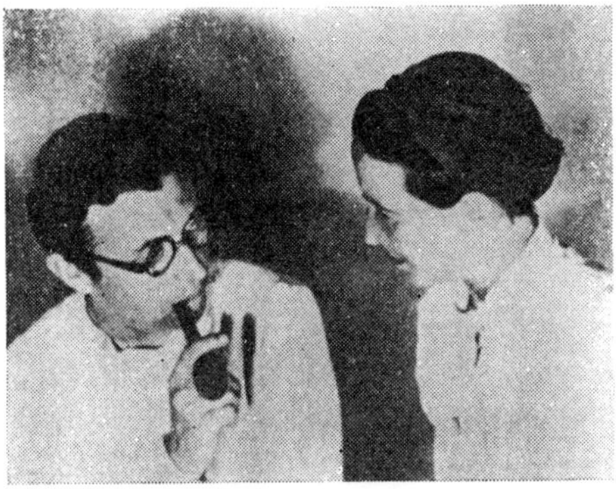

波娃和沙特

在她的心中除了自己以外，無人可以依賴，她將自己定位於相當嚴苛的人生道路上，使得她對資產的價值，資產主義的社會，家庭制度的秩序都產生不信任感，而這些正是西蒙波娃的思想原點。

她曾經說過「我不能被人群所接受。……人們放逐了我。……這種放逐將被持續下去而永不終止。……雖然我也曾受到人們的奉承和激賞。然而對我的人生道路而言，這種命運依舊是相當嚴苛的。」「其實我的父親早就看穿這一點。雖然我一直盼望能得到父親的援助，贊同和好意，然而父親的拒絕與不接受我，讓我非常的失望。」「總而言之，我在父親的眼中是叛逆者；他放棄了我，讓我由恨逐漸轉變成反抗。」「沒有人贊同我，沒有人愛我。」「我是孤獨的，人本來就是孤獨的，然而我的孤獨將是永遠的。」

一般而言，當個人受到社會的排擠時，家族和個人之間會產生兩種情況。一是保護個人形成個人的後盾和精神保壘，二是放棄個人不予認同。而波娃的情況卻不幸的是後者。這點使得她的頑固，和對秩序的不信任感大大的增加。

在現實生活中，波娃並未讓傳統的結婚手續介入她和沙特之間。從她的思想上去追根究底，可以發現她的思想常會出現「他人」「異端者」「私生兒」的字眼。她雖然有父親，但是，精神上卻如同「孤兒」般。和世間上的人一同來責難她的父親，在精神的意義上而言已失去了作父親的資格。她這個「沒有父親的孤兒」和沙特的意氣投合，也絕非是偶然的。

波娃對於和沙特會面後作了如下的敘述。

「沙特和我十五歲時的願望完全相符，他可以說是我在當時的模範，我們兩人都相當熱衷於極端事件，並且分享雙方的所屬。八月初時，我們因為暑假的來臨而分別，但我知道他已經成為我人生的一部分，絕對不會離我而去。」

她和沙特的意氣投合點在於他們對於資產階級秩序的「憎恨」。對於這種讓個人自由產生窒息的社會風氣，他們稱之為「個人主義的反逆」。而這種癥結點均存在於二人產生極端思想的出發點。

波娃就曾說過如下的話，然而這句話其實也是從現實中衍生出來的。「從某個角度來看，我和沙特都是無家可歸的人。而這也是形成我們對事物的觀點會相同的主因。」

教師時代

自立和沙特的契約結婚

一九二九年波娃脫離了雙親決定到外自立。她在威克特・杜盧高等中學擔任臨時講師賺取生活費，過著完全獨立自主的生活，而這正是她所熱切期盼的「自由夢想」。

沙特大她三歲。「我和沙特共同分享生活，並且一起出發去發現世界。當然此時我對沙特是完全信任的，而沙特也同樣給予我信賴的保證。而這種保證就如同以前雙親和神的承諾一般令人安心。」

由於沙特至少要在聖西度過他服役二年年限中的一部分，而波娃可以在巴黎地區找到私人教師的工作，於是沙特提案二年的租約結婚。其租約內容是以「絕對不牽制或束縛對方」和雙方在理論上都享有「自由」並保持親密的關係為主。

十一月，沙特出發去服十八個月的兵役，休假時二人仍舊能夠會面約會。

一九三一年，沙特退役，教職也已決定，他取得雷哈佛男子中學的教職，而波娃卻被分配到離雷哈佛八百公里遠的馬賽的一所女子中學，因此，除了假期時間之外無法常會面。

他們選擇了「不結婚」的方便方法。因為結婚違反了他們的主義。波娃認為「我們的獨身主義是堅固而果敢的，我們拒絕社會庸俗的介入我們的私生活……獨身對於我們自己的信念是相當合乎自然的。除非某些相當重要的理由，否則決不輕易對令人嫌惡的社會習俗讓步。」

但是，如果是要有小孩，則或許會成為結婚的重要理由。然而波娃有兩個理由不要小孩。一是作家和母性的思想與作為是無法兩全的。二是源於她少女時代的痛苦經驗。也即「我在雙親的身上僅僅觀察出一點共通點，因此在沒有小孩之前，總是覺得兒子與女兒好像是別人的。」

她在馬賽期間，懷著熱情去教導那些學生。其餘自由的時間，她就在大自然中走動，而爬山成為她最喜愛的運動。

但是，她最喜愛獨自一人「穿著舊衣服、運動鞋」看著地圖走九到十小時的路程，或甚至走上四十公里的路程。她對自然的愛好可以說是到達「偏執狂」的

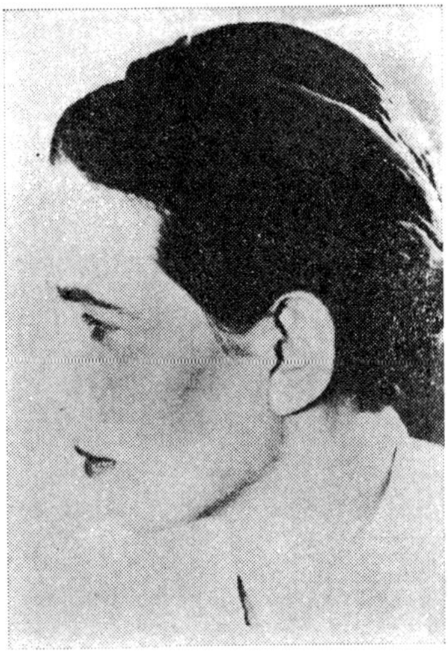

莫里哀中學時代的西蒙波娃

地步。因此，能將孤獨的休假當作節慶般的快樂過著。「日子一天又一天的過去，我不接受任何人的幫助，而建立了自己的幸福。」

野心和現實的游離

一九三二年，波娃轉任盧昂當教師，一九三六年，沙特得到里昂師範學院的教職，然因波娃已轉任巴黎莫里哀中學，於是他選擇了拉昂另一個教職。此時他們二人之間的物理距離相當接近。幸運的是他們二人的關係「就如同正式結婚般的受到尊重」。

戰爭開始之前的期間，二人均得到離巴黎很近的學校教職，因此，能夠一週會面一次。他們和少數的友人交往著，並且為往後成為作家的野心準備著。總是以很快的速度將最新出版的書刊全部讀完。學校一有休假，就到國外去旅行。例如：義大利、英國、西西里亞、德國、中歐、希臘等地。

在一九二九年到三九年之間的十年，他們憑藉著年輕青春，過著享受自由的生活。由於教師一職並不忙碌（一週十六個小時），並且生活有保障。於是使他們有充分的時間能對未來的著作著手開始準備。唯一的缺點是，他們的生活似乎仍處於與「現實游離」的狀態。雖然他們熱心的教導學生，誠心的研究學問，但是，他們的生活跟「資產階級的知識分子同樣，存在著與現實游離的特徵」。

波娃說：「我們不僅跟所有的資產階級同樣免於貧窮，更和所有的公務員同樣過著安定的生活。況且沒有小孩，沒有家族，沒有責任的生活，使得我們過著像神仙般優然自在的非現實生活。」

他們的叛逆性個人主義，是由於對現實產生一種「無情般的，抽象的」的概念所帶來的結果。例如：有人問波娃，做一個猶太人究竟意味著什麼？她回答：「沒有什麼。沒有『猶太人』的存在，存在的只有人。」

第二轉機

一九二九年和沙特的相遇可說是波娃一生中的轉機。而另一個重要的轉機卻是在一九三九年時，「仙人」的自由生活終結時。波娃的生活和一九二九年相同的「從根本被推翻了」。「歷史捉住了我，使我永遠無法離開他。同時讓我深入文學的世界，並且終生置身其中。」在第二次世界大戰接近的期間，波娃的數件文學作品遭到失敗。而終於小說《女賓客》開啟了一條通往文學殿堂的路，使她對成為小說家產生希望。而此時她已是三十歲。

她一直是以作為小說家為一貫的願望。對於早先所學的哲學則未曾想過要成為哲學家。她曾認為當時為何學哲學的理由是，哲學能讓人產生「不厭倦的新鮮滿足感」。但是，她並不認為自己在哲學的領域中會有所成就。「不能造作哲學書的內容，是由於自己的創意不足，我深深了解。」

成為哲學家的條件該是如何呢？並該從何產生呢？並不清楚，大體上而言若是具有「對於整個自然的體系想加以洞悉和理論化」有想做的慾望，和「想要將自己的洞察力利用普遍的原理加以價值化」的觀念就能成為哲學家。

她將這些條件提出來和沙特作了討論，並且認定沙特適合成為哲學家。「沙特的言語，他的大膽的想法和意見，使他在埋首於哲學時能深入思想的精髓，而哲學家的精神即在於此」。

她認為「將他人的思想作為解說，展開意義、判斷、收集或作為批判」均非我所好。不如將「自我經驗中的獨創性傳達給他人去了解」，於是她選擇了文學的道路。西蒙波娃為了實現這個志願花了長達十年的時間在修業。

個人主義的變貌

一九三九年第二次世界大戰開始，對波娃的思想產生決定性的影響。沙特被徵從軍，被德軍所俘虜，巴黎也被德國人佔領。令她感到排斥的是從安居到現在的狀況，整個事情完全脫序，生活完全被破壞。然而生存在戰爭的世界中本來就毫無秩序可言。她的個人主義必須從根本再作檢討。

她還是繼續授課，但對沙特的平安仍感到一喜一憂，而她就在此不安的日子中一天一天度過。所幸，沙特成功的脫逃回到巴黎。至此她的心情才整個平和下來。這種「和以往不同的，是實實在在的安祥」她說。「外在的事件改變了我對人生的看法，以前沙特常揶揄我有『精神分裂病』的說法是不容否認的。眼前的現實狀況，終於使我屈服。也使得我領悟到自己的一生中並非只有自己所持的觀點才是正確的。並且讓我對世界有了重新妥協的認識。」

所謂的「精神分裂病」，只是因為波娃的強烈獨立自我論所引發出來的。由於要讓自己獨立自主，於是嚴苛的規範自己的副產物，而孤獨無援的他，為了防衛也不得不無視外界世界的存在。也即「對除了自己的意志之外的意志」都加以否決。

她說：「我的樂天主義是極端的脫離常軌的一種形勢。」「為了自我計畫的實現與現實的適應，我將現實認定是一個附屬物，於是對於任何事都能突進的往前衝。」然而現在她已經能漸漸的達到認定他人和認定世界的成熟地步。

小說中《女賓客》主要的主題在於「別人和我均具有相同的平等地位，而我也因這樣的證明而存在」。

連帶的思想和抗拒

戰爭的同時沙特亦有所改變。而其改變受到二個側面原因的影響，一是戰爭使得秩序的崩壞，而這點正是沙特一直在反叛的要點——資產階級秩序的崩裂。而這種情況讓他深深的了解到「自己和世界的關係是密不可分的」。

第二個原因就是他的被俘虜。作為俘虜的他在連帶共同生活中體覺到他個人主義的崩解。因為父親的亡故所帶來的根深蒂固的私生兒感覺，也在此時頓時被瓦解。他說「此時我已不再認為自己是孤兒，而能高高興興的跳進大夥的共同生活中嬉笑玩樂。」

「我是憎恨特權的」他說。「但在進入集團之後和大家具有相同的號碼」。「從零開始逐步的實現自我的計畫，感受到無限的滿足感」。「他獲得友情，自我的思想被認定，於是使之形成行動和組織，耶誕節時更動員全集中營的人員，演出反納粹的戲曲，『巴里奧納』的上演博得全場的喝采。同志和朋友間的友愛溫暖了沙特的心，也解開了他的反人性主義所產生的矛盾。」

他原本是反抗資產階級的人道主義。但卻產生了如下的變化「從此以後，他不再將個人主義和集團視為對立狀態，並認定兩者是互相依存而無法分開的。他將主觀改變成客觀，建立了自己所渴望的未來，並且實現了自己自由的夢想」。「這種未來是源於對民主諸原理的一種展望，也可視之為社會主義的理想」。

「佔領下的法國，並沒有聽到任何反抗的聲息，然而這並非表示法國同意德軍的鎮壓」她如此想。

她的友人尼贊因為加入反抗德軍的行列而壯烈犧牲了。為此她對自己產生了「羞愧」的感覺。在物質匱乏的情況下，她不得不在寒冬中到常去的咖啡店找工作，由於汽車無法發動，使得她必須騎著自行車前往。

在此期間，她的處女作《女賓客》逐漸完成，並且以新進女作家的傑出姿態出現。她的作品於一九四三年出版。同年，沙特的哲學大作《存在與虛無》也出版了。

在同一期間，沙特並參加了由愛國作家所組成的C・N・E（國家作家委員會）。透過這個團體，他們認識了許多傑出的作家，像卡繆、凱諾、萊里、雷利斯……等。她說：「跟他們在一起，我知道了團結的可貴和友誼的堅固。」「我已經三十五歲了，然而我所體會到的友情是年輕時所體會不到的，是那麼的新鮮與芬芳。」聯合軍的勝利就在眼前，而她友情的花朵也正盛開著。她朝作家的道路上開始出發。

作家、思想家的時代

名人的孤獨

「一九四五年，我已逐漸步上軌道」。她此時已經是作家、《現代》雜誌的助編，並且因「最偉大的女沙特主義者」而出名。

她說我辭掉了「吃飯的差事」而離開教職，主要的目的就是為了專心於文筆的創作。葡萄牙、瑞士、荷蘭、突尼西亞到處都有人請她去演講。「我的生活範圍逐漸擴大到世界各地」。一九四四年哲學著作《庇呂斯與西奈阿斯》出刊。一九四五年抵抗小說《他人的血》出版。

另一方面沙特的《自由之路》的最初第一、二部也出版了。他並且進行「實存主義和人道主義」為題的演講。而聽演講的人可說是人潮鼎沸。剛好此時法國正獲得解放，於是他的作品充斥，被稱為「實存主義攻勢」。

他的成名其實也正是因為他的實力關係，但是，當時的時勢及時的給予有利的作用也是其原因。「法國由列強的地位降落至第二流的位置，因此為了恢復本來的尊嚴，把純粹的國產品的高級洋裁般的文學加以宣傳，試圖作些自我防衛的動作」，並將「一點也微不足道的著作，加以歡呼聲來歡迎，使得當時的作品大大的引起風評」。

但是，這些並非是偶然的。時代中正在追求的東西，和他們的思想「顯著的一致」。戰爭把既成的秩序，既成的信念和一切原本確信該是既成不變的東西將之完全破壞。當中產生了一種「人的尊嚴的一面應該被保存下來，並且在面對恐怖和不條理的事物需加以對抗，以求將自我的獨立加以保護」的思想。而此種思想就好似提示了人性中被遺忘的思想而被大家所發現和接受。

有名的同時也帶來了孤立。他對現實的不厭倦的研究和分析，並非都為所有的人所接受。抗拒時代所培養的「和氣和協調的氣氛」被破壞了。思想界受冷戰的影響加深了相互的對立。「正統派系」指摘沙特的「存在與虛無」的思想是一種「比十八世紀的合理主義和十九世紀的實證主義更為危險的思想」。但是，這個派系被發出這樣的呼聲，主要是這階層是沙特所「丟棄」的派系，而這種反應是沙特早就預料到的。

但是，波娃同時也沒有受到左翼方面的接納。他將社會未來的希望託付給社會主義，並且希望與共產主義共同奮鬥。然而在共產主義者（馬克思主義者）看來，「沙特的人道主義——內在性思想、存在思想和自由選擇思想並不受到共產主義（馬克思主義）的接受。再加上右翼思想派的流言，使得沙特成為墮落的讚美者、虛無絕望的哲學家」。波娃如此回憶著。

於是在此情況下沙特成為共產主義「大眾的公敵」。其實沙特是希望與他們站在一起的，這種批判給作為人道主義者的沙特很大的苦惱。而這種苦惱，曾在她的小說《一代名流》中顯明的表現出來。

「資產階級認為他是危險的人物，和大眾關係被切斷的沙特，只有讀者是他唯一的連繫了。對於這種孤立，他毅然的承擔了下來。」

西蒙波娃的著作

西蒙波娃的著作陸續的發表出來。一九四五年《他人的血》（小說）、《無用的嘴》（戲曲）。四六年《人無不死》（小說）。四七年《論矛盾的道德》（隨筆）。四八年《美國的日復一日》（隨筆）、《實存主義和常識》（評論）。

四九年《第二性》（女性論）。五四年《一代名流》（小說）。五五年《特權》（評論、部份譯為《現代的反動思想》）。五七年《長征、關於中國的評論》。五八年《少女時代》（自傳）。六〇年代《青春年華》（自傳）。六二年《傑蜜拉，早晨近矣！》。六三年《時勢之力》（自傳）。六四《凡事皆了》（自傳的小說）。六六年《美麗的影像》（小說）。六八年《危機的女人》（小說）。七〇年《晚年》（評論）。

在小說當中《一代名流》得到各方的迴響，並奠定了她成為小說家地位的踏板。而《第二性》是她最喜愛的著作。她寫這本書的動機在於，「我對自己說，我必須寫本以女性的條件作為描述的小說」她說。顯然的，她本身的思想已超越了當時女性的時代界限，而她根據這樣的自覺來寫這本書，企圖引起全體女性思想的開放與自覺。

作家的責任

西蒙波娃雖作為一個作家，但是她並未捨棄為世界負一份責任。「因為我知道，世界是由每一個個人所組成的，並且也隨著每個個體所匯集的力量在變動。

」「對於共產黨和社會主義國的關係，我追隨著沙特的變化而變化」。

融雪時期終於到了，共產主義思想者的話終於實現了。一九五四年蘇聯作家招待沙特到莫斯科。他自六二年到六六年，每年的夏天都會在蘇聯渡個數週的假期。但是，不久蘇聯當局對於作家們的監控又嚴格了起來。對蘇聯作家的調查事件頻發。於六七年他拒絕參加蘇聯作家同盟大會的出席。再加上六八年八月的捷克事件使得他「毅然決定與蘇聯斷絕關係」。沙特在記者招待會上公開的指責「蘇聯為戰爭的罪犯」。

越南戰爭法國剛獲得北越的勝利不久，她又為阿爾及利亞的戰爭惡夢開始煩惱。但是六二年即將終結，他沒有時間停下來因為戰爭才剛開始。

六七年在斯德哥爾摩召開羅素法庭。沙特和波娃都成為法庭的組成成員。伯特蘭・羅素是名譽會長，沙特則是執行會長。這個法庭是以廣泛的調查證言為根據而召開的。「美軍使用被禁用的武器、捕虜了非戰鬥人員是不人道的，並且虐待戰俘違反了戰時的國際法」、並且殺害全村人民的性命，因此作出「美國是罪犯」的宣言。

她對世界所發生的事件相當的關心。有必要時會親自調查和收集資訊。必要時會和大家一同動身，並且能隨和輕鬆的和大家共同行動。

從這種精神窺出她的人生的本質具有其一貫性。也即「作和寫的行動完全一致，相當的忠實」。她是確確實實的作家，並且已和世界的脈動融合在一起。「透過我的生涯可以看出，我生命最有價值的地方在於同時代的人和我的關係——協助、鬥爭、對話」。她的自傳可說是超越她個人的人生，成為她所生活的那時代的歷史證言。

第二章　西蒙波娃的思想

思想的特徵

多餘的人

西蒙波娃的思想，和她特別的生涯有密不可分的關係。她身為女性是無庸置疑的，而她的思想是和沙特一起形成的。

私生兒的存在是以一種半被肯定，半被否定的形態存在。即私生兒在團體中沒有正規的存在權。而在此情況下偽善是一個重大關鍵。亦即女性被注重的是外表必須像淑女似的。

通常私生兒存在是有條件的被肯定的，普通孩子的存在是無條件被肯定的。而私生兒如果在良好的環境下則可受到肯定。即如果受到保護者的中意則可受到肯定。為此必須表現出好孩子的樣子。而相同的，女性必須常常介意著保護者的態度而生存。無法在社會中天真爛漫的展現自己的主張，只能躲在角落忍氣吞聲的生存著。而這就是女性的私生兒立場。

沙特，二歲時喪父、母子二人住在娘家寄人籬下。母親在家中擔負著傭人般的工作，而沙特卻必須在扮演模範孫子的角色中長大。

波娃雖是過著完美的童年，但是，對於女性的生活方法及出身階層的意見和雙親有所對立，於是受到被斷絕般的待遇長大。

沙特和波娃都是在家族的人際關係中無法獲得滿足的人。在實際的生活中，被當作是「多餘者」而有如「浮萍」般的存在。這種「多餘者」的情況在後來被沙特以「他人」的名詞加以概念化。「他人」之意，即是指所有被疏離於團體之外的人，或被剝奪人類所應有的權利的人。

「人類創造自己」

從多餘者的立場來看，自己的存在被社會全體烙上無價值的烙印。此時多餘者只有退下來，悽慘的躲在角落生存著，而或自殺、或自暴自棄、或求諸於抽象的神，應對的方式有種種。

但波娃並不消極的選擇其中一種，她在孤立無援時仍堅持她的立場。她的個性是激進的、頑固的。這點從她三歲半時的表現就看的很清楚。當她不中意時，

波娃和母親和妹妹(左)

她會像男孩子般的「又哭又叫」或者在長街上「一路哭著叫著走回家」，這種情況常使她被誤認為是「被虐待兒童」。

她認為自己遭社會貼上無價值的標籤，如果要掙脫這道枷鎖作個自由的人，就必須認定自我是有價值的。她沒有像朋友札札般，放棄希望而死去。

所謂價值，就是目標向著自我主體的自由存在而努力。除此之外其餘的一切都無價值的效用。亦即「世界上的所有價值標準均是由人類所製造出來的。」「對於所有的事物所產生的理念與思想，並非操之於神的眼光，而是以人的眼光來判定正確與否。」「除了自我之外，如果他人對其自我的存在有所疑惑時，此時受疑者會執意追求證實自我存在的價值。即使是立在眼前的無條件價值，也會加以拒絕相信。」（《論矛盾的道德》）

由此看來，除了自我之外，國家、地域集團、公司、家族的集團，甚至觀念的全體者＝神均不能附予本質的價值。故這一切價值的根源，均未超越人類的客觀性和全體性，而是求諸於人的自我為主體，這點即是她思想的出發點。

人類是否否定了人性本質？沙特在「實存主義是否是人道主義」的演講中明快的表示。「人的最初並不是何人」。「人是後來才依人的標準被塑造成人，人類所塑出的人，其本性並不存在。相同的，創造本性的神也並不存在」。「人是自己塑造出來的，不是任何東西」。

對「過分認真的人」的否定

對於和波娃意見相反理論的人，波娃在《論矛盾的道德》中就曾以「過於認真的人」來稱呼他們。這些人認為，價值的根源應從自我以外——既成的價值中去求取。但是他們沒想到這些作法會使自我的主體無法負荷，此時自我的價值判斷遭受危險和挫折而轉以逃避責任的方式出現。

「過分認真的人即是如此，在認定本質性之前，想把自己塑造成非本質的東西。於是將科學、哲學、革命等『事物』用『主義』去概括它表現它。將尊敬予以神聖化，並為了『事實』的利益而放棄了自我」。亦即，他們所需要的是比自我更有本質的偶像。偶像才是他們生活的目標和生存的價值。為了偶像而放棄自我主體的存在，是「認真的人」生存的方式，因為如果把自我當作生存的目的，會使他們產生罪惡感。

「認真的人，最重要的事便是對比自我更本性化的偶像的摯愛，這並非是一種物質或性質，而是一旦發現自己喪失了對象加以偶像化即無法存活的事實」。

於是他們需要各種形式的神來證明他們的現存性。但是對波娃而言，自我生存的意義是以自己的力量來發現自我，而非極力的去迴避它。一般而言，對自我的自由無法負責任、極力去迴避孤獨和不安，是人類根深蒂固的劣根性與弱點。「為了逃避不安，必須利用一個對象（偶像）來逃避，並將現存的自我融入偶像中」。

不管是那個時代，人類都是為逃避不安和追求安全而存活著。雖然現代已可說是一個「無神論」的時代。但是，人類的不安似乎仍需藉由神的手來撫平。而這種種也以各種不同的面貌出現在人群中。

例如：有安全形象的商品販售的好。大企業、高學歷也是一種安全形象的神。

全體主義者和法西斯主義對「過分認真」的人而言，是最好的精神食餌。所謂自由即是和「過分認真」精神相抗鬥的精神。

類似這種人類的弱點，波娃曾以「人曾經是孩子的事實」來說明。因為在孩子轉變成成人時的一種蛻變，即是一種價值判斷力和既成價值的對立。因此，所謂自由的人是不迴避「價值判斷的責任」的人。

自己欺瞞的拒絕

如果不幸，自己被社會當作是「他人」＝成為被壓迫者時，責任在誰呢？其實被壓迫者是被雙重疏遠的人。第一是被團體排擠在外，第二則是被自己排擠在外。亦即在外周圍環境所要求的假面中被疏遠了。因此被壓迫者要想獲得自由，除了推開單方面的壓迫，獲得正規的地位之外還是不夠的。最重要的是要將自我疏遠的自我，從壓迫中解放出來。

通常，被壓迫者要對被加害者課以責任上的罪，但是，因壓迫的結果使自己變成淒慘的人，則自己要負一部分的責任，而這點正是波娃思想的特徵。

亦即一個人偶然因處於不良的時代，不良的社會和不良的家庭，而變成不良的人。因為在此情況下而變成不良的人，都應該算是共犯者，即該對自我變成不良負相關的責任。

然而若是偶然生為私生兒的情況又如何呢？由於私生兒並非本人所意願的，是出於意志之外的事實，因此，本人可不負直接的責任。但是，本人應當負起私生兒性心理的命運責任，並且去完全接受它。如果因私生兒的命運而變成不良的人，則本人對於變成不良命運的事實，同樣的負有責任。

同理，女性若因女性被放置於屈辱的地位之故而變成卑屈的人，則女性對形成卑屈的狀態負有責任，此即為波娃所欲表達的立場。

女性生而為女性並非本人的責任，但若是因為女性之故就讓女性蒙受特有的被疏離排外，則本人是其共犯者。「誰讓它變成女人？」把責任推諉給他人的理論是不被波娃所允許的。

對於主體的責任追究理論該達到何種境地呢？依邏輯的探究，即使是被命令而去行惡也該對行惡負責任。

例如：在軍隊中因上級的命令不得不行使殘暴的虐待行為，或拷問等……，則此時究竟該遵從上級的命令或聽從良心的命令？當生命處於此生與死交互衝突的極限狀態時，究竟該如何來對這個問題作答呢？又或許被拷打者是否該捨棄自己的性命來維護軍情，或出賣自己的弟兄或國家？種種諸如此類兩難的情況究竟該如何選擇時？波娃在對此情況的立場，充分表現在她的小說《他人的血》中的女主角身上。她因選擇「生存的理由」而寧願以死相許。

沙特的戲曲《阿爾托納的幽閉者》中也是描述入伍的士兵，因上級的命令而進行拷打後產生的自責之罪，因而進入心智幽閉狀態的故事。

對於離第二次大戰結束六十餘年，在比較平和歲月的今日，這種兩難的極限狀態已經遠離許多人的腦海。但是，沙特的《阿爾托納的幽閉者》，其實正是為阿爾及利亞的戰爭中，受到命令必須進行拷問的士兵所產生的苦惱而寫的。這種士兵在回到法國之後，由於受到自我行為的衝擊而變得不說話，因此，又有人稱之為「沉默的退伍兵」。

現代不一定會遇到此極限狀況。而所謂極限狀況是自由與人性的對立狀況，往往是靠自殺來作為解決途徑。現代的女性雖也是處於被壓迫者的狀態。但是，女性追求自由的條件加大，在今日女性追求自由已無須用死來作為代償。

女性不追求自由是「隸屬於無知」，並且處於甘心依附男人的狀態。以波娃而言，她認為那些女性選擇那種狀況，至少同意那種狀態。此為「放棄自由的使命」。因此，這種情形可以用「隱含著欺瞞自我，放棄積極的過失」（《論矛盾的道德》）來形容。

縱然在偶然的情況下，受自我以外的其他原因，造成自我的人性被剝奪或受傷害。此時應該對自己的傷負起責任而非要他人負責。一般而言，壓迫者雖然被消滅，但傷痕依然存在。

如何將被壓迫的自我從「他人性」變成「自己性」，可能除了自己之外沒有別人了。因此，就自己是被害者而言，則是必須背負「自我性」的唯一主體者。人必須對自我本身負起責任。

對於此點，沙特和波娃毫無疑問的是繼承了法國主義的傳統。他們認為對自己最令人嫌惡和逃避的缺點，如果僅是小心翼翼的去除是犯了「自我欺瞞」的錯誤。而對於由自身以外的虛假面所批判的缺點卻極力去去除，則是道德主義所持有的態度。波娃說：「我從各種角度去分辨，言語的欺瞞、記憶的錯誤、代償、逃避、昇華——都該努力的去去除。」以期使自我達到誠實和無意識分野。

她的法國主義姿勢，即使處於極限情況中也會一樣去貫徹。對於她忠實於自我的此點，雖然隨著時代的變遷，依舊是相當值得學習的精神。

在野黨的精神

沙特和波娃對權力絕對的憎恨。實在無法想像他們二人所具有的嚴肅頭銜。沙特甚至連諾貝爾獎都辭退。成名對二人而言，不過是湊巧。如果沒有成名大概也是以一平凡教師渡過一生，留下了不為世人所知的著作。

波娃也是面對欺瞞而戰鬥的人。她和沙特同樣未見任何的權力慾望。不管是何種革命，不管是達成與否，到最後都會變成僵直的權力組織，而這點最令她失望。蘇聯、阿爾及利亞，甚至越南均是如此。

她也告發思想的欺瞞。她說「所有體系，看來均是由大規模的欺瞞思想所組成的。」她感覺這整個體系是由對全體人類有所慾望的人所製造出來的。總而言之，她認為被關閉的體系和現有的現實並不一致，而她會和所謂的社會正統派永遠戰鬥下去。而這點似乎也正是她和沙特思想氣質的由來。

他們從「藝術家、作家、哲學家」等等的「孤獨的人」的立場，卻經常想要試著掌握現實。而也許他們是被權力疏遠的放逐者，也因為是放逐者的緣故，使他們和特權無緣，和組織的欺瞞無緣。「孤獨的人」因為被放逐的緣故具有清醒的眼。這點是值得他們信賴的在野黨精神的根據。

追求「真實的他人」

對孤獨的個人而言，最困難的問題是自由的個人是否相互認定對方的存在問題。對波娃而言，自由者不可能會認同全體中的某些人浮在其中，也不可能贊同每個人都具有相同的一貫性。所以她說「想實現人的和睦夢想是不可能的」。有的只有「幾個人的自由性」，並且「個個意見都被分割的支離破碎。對立的每個人，都有自己的論調」。所以，如果將自由的人都集結在一起，也會產生意見和價值觀的對立，而且保證沒有自由和自由之間的相互交流。

對她而言，為父一般的神並不存在，甚至十八世紀的樂天主義的理性也並不存在。被切割得支離破碎的意見，無法產生共通的價值觀——從某種意味來看是類似無政府狀態——只有個人世界的存在。

對她來說，既沒有集團的神，也沒有國家的神，甚至理性的神、革命的神均不存在。同時對東方人容易相信的血緣關聯，所謂人的羈絆也不存在。她不相信人能超越集團的理性的夢。同時，也不相信血緣關係這種更本能性的夢想。

但是，她對人與人之間的關聯，唯一的肯定是個人所產生的自由意志。她說：「與其按照常態的命運般的人際關係，倒不如由自己來選擇自己所喜好的。當然，有時依當時的狀況，也有處於被選擇的時候。例如：我和我的妹妹，我們之間就是這種關係，我選擇了她，同時，她也選擇了我。但是，這種情況很少。反覆而言，我從未因為我沒有小孩而感到遺憾過。因為我比較喜好友情。是的，對於自己所能選擇的關係比與生就俱有的關係更令人喜歡。」

西蒙波娃的生涯，最重要的是與沙特的關係為始的個人和個人的關聯。對她來說重要的是具體的個人和個人的關係。她所要追求的也是在支離破碎的個人自由的世界中，個人和個人真正發生相關聯的意義。

例如；對波娃而言，讓她存在的行動是「寫作」。「寫作」對她的個性而言是最本質的行為。她寫的《第二性》一書引起婦女們的迴響，她的《自傳》成功的引導了許多人改變了自己的「生活方式」。同時，她也是法國大部分的男性所譴責的對象。

但是，她和沙特的開始卻僅要少數人同意就能使她滿足。她說：「如果我用所有的愛去愛一個男人，只要得到她的同意就能使我滿足。」「我的一生中最大的成功就是沙特。」

波娃認為，人與人的關係是確實掌握在自己手中。所以，她也是得到這種成功的人。一般而言，男性較相信組織，以國家論作為哲學的主題。但是，波娃卻執拗的追求「真實的他人」為何？和追求個人與個人的關係。從這裏可以看出這位女性思想家的個性。

自由論

波娃的哲學論文有《庇呂斯與西奈阿斯》、《論矛盾的道德》。而主要是表達她的自由論、他人論的要約。而自由論主要在《庇呂斯與西奈阿斯》的論著中。

世界和我們的關係

對波娃而言，人是一種具有「自發性」＝能動性的生物，這點使得人能對周圍的事加以掌握與反應。相對的，物是無氣力存在的，並且是毫無意義各個孤立的存在著。

如果人都像卡繆所著的《異鄉人》一般，對周圍的世界不去關心也不去愛，只是一味的封閉。則人與世界之間，和人與他人之間不會有任何的關連。

世界是無意義的，自己跟事物以及其他的人均無關連，只是以「異鄉人」的姿態存在而已。世界之所以會有意義，是發自於人的自發行為＝透過「投企」的行動而產生。

卡　繆

「一個客體如果想要轉變成我自己的，必須是透過我自己一手建立出來的。亦即，我將客體的全面性建立起來時，這個物的全面性就是我的東西，在現實中是完全屬於我的東西，而這即是我的行為。」「屬於我的東西，是由我計劃完成的」。

行為，依肉體的自然法則命令進行吃、喝、睡，並非具有行為的意義。當人有意欲，有計劃的進行行為投企的「自發性」內容時。這種自發性的投企於對象、事物的人才有意義。「亦即天空是給能飛行的人，海是給能游泳能航行的人的。」如果只是無關心的遠眺天空和山，則跟實際在天空飛的和爬山的人是完全具有不一樣的意義的。

「像諸如此的世界和我們的關係，並非一開始就決定了。而是後來由我們自己所決定的」她說，我們的自發性，亦即我們的意欲，這種能力與不同的對象相關聯則意義經常改變。

這種關係，不僅限於人與事物，其實人與人之間也是同樣。人與人的關係也可經由「自發性」主動的行為去創造。即「我和他人的關係可經由我一人創造出來。我不是一件物，我對他人具有一計劃性，而此計劃是超越事實。是對他人實施一計劃，由於是超越事實，所以關係是由我創造。」「人的一個行為是把自己作為他人的鄰人，並不是由他人把自己作為鄰人」。

而且這種關係並非一次動起來就固定而不變形。每一次行為的結束之後，每一次這種行動後的意義就被凝固起來。成為一個客體不是屬於自己的東西。相反的，在過去跟自己並無關聯的東西，由於自己新的關聯而能夠成為自己的東西。總言之，是自己與事物的關係「一瞬一瞬被創造」出來。「有的關係已死，有的關係正產生中，有的是與其他的關係復活」。

這個世界對自己的意義是由自己的自發性——「希望、愛、慾望、行動」——所決定的。「這個宇宙的片斷會屬於我們，必須由我們實際去耕耘才會形成」。

以波娃的觀點是特別注重人的主觀主動性。她自己本身也是以此為思考，她說「實存主義的存在論與辯證法的唯物論對立的主要點」，即「狀況的意義，並非被動的主觀意識所強迫形成，而是自由的主體以企圖心進行而被開啟出現的。」例如：戰敗時，每個人遭到挫折的程度，是和以往的自己所「參加」的戰鬥有決定性的關係。同樣居住在戰敗國的人，如果只是「只知吃的睡的，而不作任何其他行為的人，對他們而言只是習慣上的變化而已」。

所以，對國家的大事毫不關心的人，會認為國家所發生的大事，充其量感受到的不過是食物和物質的不足的變化而已。

人的兩義性

對波娃而言，主動投企（關心）是人的行為，而這也是人生存意義的根源。有了這種行為，世界的意義才因此而被開啟。那麼，人對事物的投企的超越行為是如何形成的呢？人又為何必須去投企於各種事物呢？

波娃把人的存在以「兩義性」來加以解釋。所謂兩義性，是被一矛盾所貫穿的兩面均成立的雙重性，亦即人是至高存在的同時，也是因投企的超越行為而存在。《理性的動物》和巴斯卡（Blaise Pascal法國哲學家、數學家、物理學家）《會說話的草》這二本著作，所要表達的正是這種人本身的矛盾和似是而非的理論。

一個人一方面在「客體的世界中以至高而唯一的主體而存在」和「一切行動

都必須遵從此主體為最高目的」的同時，另一面「卻又被各種未知的事物，牽絆得無法動彈」。由他人的眼光看來，這種所謂「必要的行為」只是一種「干擾物」和「障礙物」。而從現代巨大集團來看人，則以「像蟲般無意義的生物」來形容。波娃說「這就是人的無意義與至高的重要性」和相矛盾之處，亦即「作為人的悲劇與矛盾性」。

波娃的人間論把「根本的矛盾性」加以接受而成立。她將人投企在事物的存在＝物，亦即人的側面的一面，命名為「即自存在」。而對超越存在的自由志向和意識等面命名為「對自存在」。因此，人是「對自和即自的總合實現，想成為神而嘗試著徒勞無功的事」。「徒勞無功」在她的哲學中是意味著這種嘗試是永遠無法成功的。

波娃在其著作《晚年》中，就曾提到此觀點。她對「含有成功的挫折」加以說明。從世界的外表看來，成功的人生是存在的。但實際上「夢的實現和夢總是有著無限的距離」。當中的夢靨就稱之為「挫折」。她對這種情形用如詩般的言語來表達「……夢的收穫，把夢摘取放在心中，雖未曾有過後悔或幻滅，卻遺留著悲哀的芳香」。

她的自傳《時勢之力》某段落中以「約定成就」來表示。「現在縱然和我所期望的完全一致，然而我的期待也只是以實存（對自）徒勞無功的志向存在著。但實際上對自並不存在」。

對動物而言，本身即是因即自存在而生存，因此不存在有挫折與否的問題。又像神，他們是完全一致，完全充實的自我主宰，因此也不存在挫折。而人是兩義的存在，故必有挫折。「道德意識在自然和道德性之間，只要有不一致的現象」挫折就繼續存在。單從自然法則的生存來看，人是有如動物般的生存，和埋沒在事物的法則中生活著而已。因此，人的自由是從超越即自的存在而定義。這種即自的存在，因人的意志力才有可能存在。

波娃將自由的人作了以下的定義：「所謂自我的存在，就是把自己的存在當作是問題，把自我從現存自我的存在脫離而存在。」人必須因「必須存在」而永遠去嘗試，去努力而存在。

以身體驗的兩義性

人類為了選擇自由，必須以徒勞無功似的努力去持續進行著。沙特稱此為「

無意義的受難」，然而波娃並不將之歸屬於不幸的意味之列。

她說：「對所有不可能成功的事，努力而勇敢的去做，都能讓我感到滿足。因為我認為即使因努力而失敗，還是會感到勝利。為了作為神般的嘗試了徒勞無功的努力之後，人會把自己當作是一種實存存在，得到一種實存的滿足，此時人的自己是全然一致的。」但是「人的受難並非由外部所施予的。而是受難本就存在於人的本身，由人自己選擇受難。」

因此，根據波娃的思想，所有的人的自由是經由「受難」這句話來表示是「對於緊張狀態的欲求」。亦即人的實存是在連綿不絕的緊張之中。而波娃也因與不絕的緊張戰鬥和對抗而喜愛自由。對她而言，「受難即代表勝利」。她認為不斷的努力便是幸福。

「存在的欠缺」和「挫折」這些話，對波娃而言具有實質而肯定的意味。她將黑格爾的「否定的否定」說法提出來加以輔助說明。

「黑格爾認定，原先被否定的事物，會因被其肯定後而恢復到否定的否定。亦即人雖然是處於欠缺狀態，但是，如果將這種欠缺加以否定，積極的肯定自己是實質存在。……則以存在的努力作為行動，開示實存的事實成為自己的有效性

（原動力）」」。但是，這種將「挫折」或者是「欠缺」當作「止揚」（防止聲張）的現象並不正確，因為波娃認為「欠缺」不該被認定為是「抽象的而保持」，而是應該「積極的肯定實存中的自身，但仍然保持其否定性的一面」，即「挫折不是該被止揚的，而是以身來接受它」。人對於「挫折」和「欠缺狀態」仍照樣接受，則是她自由的定義。

她並不以「兩義性」來否定，也不以黑格爾的「止揚」來否決它，將之「以身體驗出來」，成為自身的一部分，即是她的自由主張。她說，這種逆說似的肯定，即是「一種迴轉」的推動力。

無間斷的超越

正如波娃所認定的，在沙特的《存在與虛無》就曾提到過「將人的存在欠缺面加以強調，應該也不算是一種錯誤」。但是，雖然同樣是自由論，由波娃去詮釋它，反而透露著樂天的色彩。

「投企」和「超越」對波娃而言，有如它經常眺望的遠山，一旦將遠山征服時，她的快樂是無法用文字比擬的。「超越」一詞，是超越於自我意識之外，即將自己處於「存在不完全狀態」的一種意義。

藉用她先前的理論來說明。「（人是存在於遠方），人經常是存在於別處，即使人的個體存在。而類似像人『此即是我』，此種能讓人安心的言語，在這世上並不存在。因為人是由自己和經由別人所產生的，也就是有了自己和別人的關係，才有自己的存在」。

例如：縱然現在躺在床上，依然可以透過窗戶，遠眺到自己在登山的模樣，此時人的思緒即是一種超越性。「所有的思想和意向都是超越性」她說。

人的自由是源自於人對對象所施行的永不斷絕的計劃。而這種向對象關心，永不斷絕的行為是超越現存自我的一種行動。所謂「靜止」所指的即是這種超越不間斷行動的相對物——也就是不自由。

波娃認為幸福，乃至「享樂」的存在都是從自身所衍生出來的。因此以「享樂」的客體為媒介，將世界中的自我存在以參加時之狀態為限。……如果人將自己處於靜止的狀態去逃避世界，則甚至連享樂的機會都會被丟棄。

另外，有所謂「輕視動搖的快樂」和「靜止的快樂才是一種純然的寧靜」。諸如此類的幸福論，波娃認為是難以令人接受的。因此，更遑論所謂「真正的賢人，能丟棄自己的肉身去追求真正的幸福」的主張，更是令她不能相信。

波娃以情人為例，作了如下的比喻，「有些戀人總是希望能永遠的停留在愛情中，但是，不久卻對雙方的無聊感到絕望。」人既是屬於超越性而不受限制，則自然的所謂靜止般的幸福則可說是不存在的。又如，一般人一方面想要逃避工作所帶來的壓力，一方面又想從獲得的工作成就中得到心靈的解放。有人認為天國是永遠的寧靜與靜止。但波娃卻斷言，這種想法是幸福的反對物。因為「不活動的樂園，會變成永遠的退縮與約束」，只留下「無關心的不安」。放棄關心的人，會使世界變得毫無意義。其實「希望世界能被開啟，和希望自己得到自由，都是相同的。因為自由意味著一切和價值的源泉。」（《論矛盾的道德》）

放棄投企（關心）的人無法受世界的感動與喜悅。此種情況正與神經衰弱的人所見到的世界是類似的。一般人會認為「花不是摘來聞的，而是在跋涉道路時一種增添風景的美景」。而沒有關心意念的人，則認為「花看起來就像是塗了油漆的金屬，風景也似舞台裝飾」。

但是，人為所求所作的行動，一旦於目的達成之後，行動會在此得以終結。例如：一段戀愛達成時，往往會轉化成「退縮」並且「疲軟」下來。即一旦所行使的投企行動達成願望之後──「人的充實性會在達到飽和狀態時，從過去的投企行動中跌落下來」。則此時，自由不再持續，而變成自由的「化石」。本來在過去的「目的」，在此已變成再次被追求的「事物」而已。

「所謂目的，經常是努力的方向與歸依點」。「但是，並不希望被立定在目的的那點，而是因超越而得到快樂。亦即真正的目的是追求與超越的過程，而非目的本身。這才是其背後真正的目的」。

因此，生活在戀愛中的人，應該將戀愛從橫面來剖析，進而形成新的目的──家庭、事業，共通的未來──向著新的方向投入與衝刺。人如果能像上述般的全心投入，則必定能得到人的幸福與快樂。掌握幸福的人，通常會想去抓住其他的幸福。波娃認為「狩獵的獵人有興趣的並非是獵物本身，而是狩獵的過程。」因此，絕對而窮極的目的並不存在。亦即投企的計劃所要的目的是會被超越的。故被超越是常變動的。總而言之，向著目的前進的投企行動，才是人的自由具體內容，此謂之「人性」。

超越的目的否定

對於波娃來說，超越人性範圍的這種超越並不具有任何的意義。「在沒有人之前，並沒有世界的存在」，此時人的價值也並不存在。投企的目標是根據當時自己的主體判斷來作選擇的，即目標的決定是依自我的自由內面去決定。

如前所述「過分認真的人」是依所附屬的價值無條件的接受，因此，對這些人而言，自我的投企目標——均是由外所賦予的。這種人的價值感，由於受外界影響的因素很大，所以是屬於被動形態。總而言之即是「將計劃由目標中切離，只認定目的自體價值的觀念」。

波娃是無神論者，因此，對人的行動是不允許被冠上「神要如此」的理由。而人生以服伺神為生存目的的想法，更是無論如何也無法被她接受的。

「以神的意志為意志的這種老套決心，要對人驅役以任何行為是不充分的。其實，神難道希望信仰者對不信仰者大肆屠殺嗎？對異教徒的暴虐，或者不允許異教徒的信仰等？」

命令這些行為的聲音，難道真是神的聲音嗎？要如何去證明呢？說不定不是神的聲音而是惡魔的聲音吧？也說不定是和自身有利害關係的聲音吧！也許神是存在的，但是神的聲音確實能經由人來傳達的保證，確實是令人懷疑。

根據波娃的理論，一般而言「人無法由神來解釋自己存在的意義」。神應該是由人來解釋其存在的意義。大言不慚的人說：「秩序是由神所創造出來的。」

但是，她認為秩序是由人所創造出來的。而神是由秩序所衍生出來的，除此之外，她認為「資產階級有資產階級的秩序、社會主義有社會主義的秩序、民主主義有民主主義的秩序、國家主義有國家主義的秩序。然而，對反對這種思想的人來說，這些都是無秩序的。而且這些人經常是不管處於何種狀態，都會根據神的旨意來主張。亦即不管任何社會都會以神重新賦予任何的形象。而事實上其所行使的僅是社會行為而非神的旨意。」

波娃認為：人的投企目的經常是求之於人的內面的。如果求之於個人之外，無法形成超越個人的目的，且自由的內容無法形成。為了愛祖國、愛人，如果沒有以自己內在的自由為媒介來加以限制，則無法形成個人的自由。正如前面所敘述的「過分認真的人」成為從外而賦予目的的奴隸。波娃說這些人甚至認為自己可以為自由而死。亦即「為了行使自己認定是絕對自由的思想的種種目的。而使得自己的自由被否定」，甚至「將自己喪失在對象中」。

自由行動就是自己的目的

對波娃而言，自由的目標存在於人的中間。人將自己的存在形成於各瞬間——

此為人的自由意味。然而自由的意味該如何徹底的在自由中顯現出來呢？難道是源自於天空中神秘的神？

她說「天空中神秘的神無論如何，都和人沒有關係」。因此「一開始就全然的向天空的神去追求的絕對目的，其實是可以從人的身上看出來的。不是嗎？」事實上，人性並非是超越神聖的物質，而是由「有骨有肉的人所形成的」，因此，那絕不是完全的東西，而是不斷的投身於未來方向的行動。人性本身是「不斷的超越與追趕」。而事實上這種超越是永遠沒有完成的一天。但是在追趕的瞬間，我們可以將人性「完全把握」。所以，人性是「在每一個瞬間」「都存在」的。

波娃認為，人性的價值存在於「現在」進行的自由行動中。如果現在的自由被遙遠的未來和不確定的價值所犧牲，是無法被饒恕的一件事。她所反對的是如下的想法。

「如果透過壓抑能使世界將自己的理想實現，則現在的壓抑，是沒有什麼大不了的」。又或者「如果能透過現在的一黨獨裁、欺瞞，甚至暴力而使社會主義實現，則前述的行為都算不了什麼。因為到了社會主義實現的時候，恣意的犯罪會從地球的表面永遠的消失。」

對於以上的想法，波娃認為是一種對現有自由「未來化」的神話。她將之命名為「事物——將來」。亦即在將來的事物予以理想化和價值化，並將自我埋沒在此種無意義的想法中的人，她稱為「過分認真的人」。

其實，不管將來的狀況是如何的理想——縱然真的達到社會主義的真諦——也沒有理由為現在的行為、賦予任何理由。對她而言，能受自己自由行為影響的將來，才是自己的將來。而影響力所達不到的將來，則不是自己的將來。例如「死亡」的未來，如果太去介意它，則會使人產生「任何事都不需要去開啟與創造的心理」。

所以，她認為「即使死亡能使今日所受的失敗恥辱永遠消失，但相同的今日的勝利成果也會逝去。人可能死後會上天國，但也可能是混沌的死去而已。……所以人要將自己托付在自我拯救的地方去考量。而不要將自己放在不確定，無見地的未來。」（《論矛盾的道德》）

對她來說，所謂將來的意義，不是「沒有預見的將來」，而是現在投企射程內的將來。例如：「八十歲的老人為何會想要蓋房子和種樹？」其實是沒有被「預見的未來——死亡」所困惑，依舊是對他的人生充滿希望之故。

人為了證實自由價值的「瞬間存在」而努力。亦即人存在於「計劃」和「投企」的行動中。而這種自由行動的本身才是人存在的意義。人應該不是為了自己以外的某種絕對性物質才行動，自由的行為應該是以自己的目的為依標。她稱此為「絕對的無償」，即存在的本身是一種無償價值。

人其實是為「無」而存在。所以，自由並非是形成其他目的的一種手段，而是為了自由本身所行使的自由。

像如此自由的人，即是能發現「有限」的未來的人。他們時時刻刻的把握每一分鐘，使生活的價值發揮到最高點。因此，縱然所剩下生存的時間並不多，他們也能夠充分的發現自己的自由，去創造自由。

這種自由的人可以避免和「過分認真的人」一般——在失去他所信奉的價值偶像時的失意狼狽相。所以，現在的年輕人即使失去了某些東西，他們依舊能重新的投企在新對象。因此，縱然大學的考試失敗了，但是，他們仍能發現新的生存意義。又縱然社會的光榮都背棄他，但自由的人卻不會對自己生存的價值感到質疑。因為所形成的自由並非是來自於世間的評價。而是其自身。即「當事人本身才能為自己行為的意義作決定與評價」的緣故。

他人論

西蒙波娃在《庇呂斯與西奈阿斯》的第二部中在「他人」、「獻身」、「交流」、「行動」的項目下，以他人論展開討論的序幕。

他人的存在

他人對自我的存在究竟有何影響呢？如果將我們自身作一個充實的對象物則無法捕捉。相反的，當他人以光鮮的形象映入我的眼中時，我們不禁對神的存在和人性的實現產生質疑。但是，對閃亮的對象物的他人存在卻別無懷疑。

他人的個性看起來是獨創性而光輝的，他人似乎比我自己幸福，他人的流淚似乎比較真實。他人總是比自己「更美好，更擁有獨特的個性」，而一切的一切都如此的存在著。

當我只有自己一人時，難免會感到「空虛」。甚至無法感受「自己的存在」。因此當自己對自己褒獎、稱讚時，可能會發現只有空曠而孤寂的迴響。其實自己是如何的美貌，如果不能使「萬人的眼中發出光輝」那又有何用呢？自己能依自己的力量完成一件事是令人喜悅的。然而如果這件事對萬人有用時，這種喜悅可會增大好幾倍。「往往，我們希望不藉他人的助力而依靠自己來完成所努力的事。……但是無論是何人，都無法在孤獨中獲得滿足」。

人的自由，常常是孤獨而只有自己才能負荷的。所以，基本上人與人之間，他人與他人之間是「根本的切離」。因此，讓自己「存在」除了自己以外，別無他人了。

然而，他人能使自己的存在擴大、縮小。所以，讓自己完全的「存在」，他人是必要而不可或缺的力量。而究竟他人是何種東西呢？

獻身變成「壓制」

首先，第一個問題是我能對他人做什麼？我能救他人嗎？或他人能救我嗎？把獻身行為的內容加以檢討，可以發現如下的結論。

對獻身的人而言，他人具有絕對的價值。亦即我自體本身並不是為我自己而生存，而是為了奉仕他人絕對的價值而存在。我的存在價值，只是把我作為「無」而成為他人的奴隸。因此，我不必為自我的存在理由感到擔心。因為有主人才有奴隸，奴隸應該感謝主人為自己的存在找到理由。而獻身的理念就是像這樣，在「自己的面前劃一個絕對的目的」，「自棄自己的自由性」。為了逃避自己實存的不安，寧願成為主人「服從的道具」。

類似這樣子的獻身，自己是無法得到充分的自由的。無法發現自己生存意義的人——未成熟的人——而這是常見的現象。

未成熟的女性一旦戀愛，作了母親，會將所愛的人予以絕對化，丟下自己的自由性。對母親來說，孩子變成具有絕對價值的主人。但是，孩子對波娃的「自由存在」觀點來說是一種「未存在者」。對於這種「未存在者」卻企求它來拯救自己，果然真的能夠實現嗎？

舉凡獻身的出發點都具有許多無理的地方，於是使得獻身變成「壓制」。使得人際關係變成修羅巷。奉獻一切的人在加恩於別人的同時希望得到回饋。於是造成被奉獻者沉重的痛苦負擔，於是壓抑的感覺，便以忘恩的行為被展現出來。

「我為了你的生存、奉獻了我的一生」父親對兒子說。

然而不孝的兒子回答：「我沒有依靠你生活。」

父親說：「也許吧！但是，孩子為何而存在？就是為了要依賴孩子的呀！也因此才生小孩。」

但是，不孝的兒子再說：「也許父親因此而給我一切，但那僅僅是父親一廂情願的想法吧！」

獻身的自私主義

將原本「想如此作」的心隱藏在奉獻的事實之下，事實上，根本是自己自身意志的選擇。在獻身的美名下，將「想如此作」的自己的實在心意逐出於意識之外。亦即將自己認為不善良的意念逐出於外的一種心理作用。佛洛依德稱之為「壓抑」，而沙特稱之為「自我欺瞞」。也就是認定所有不良的結果都是由對方所製造出來的。

他們認為對方不念過去的恩情，所以，將自己的獻身之恩全部忘掉所造成的後果。「他們期待對方能將自己《想如此作》的理念予以正當化。然而能證明的唯一對象卻抗拒承認他們的想法」。其實這事情當然會變成如此的一種現象。

「『我把自己的生命、自己的青春、自己的時間通通奉獻給你』被侮辱的妻子如此說著。但如果這個女人她不將她的青春、她的時間送給人的話？她會如何去處理呢？對於戀愛、友情，贈與的這種話，具有令人紛擾混淆的意味。」

所謂贈與，應該是不需回饋的。如果期待回饋，則不能說是贈與，而是交換而已。如果接受贈與的一方，必須接受贈與者所指定的目的去追求的話。他不過是贈與者為求目的的手段而已。女性的「贈與性格」具有「混淆不清的意味」，而之所以會產生此現象，是由於她所未達成的夢想，欲借由情人、丈夫或孩子的手去達成。這種獻身是「將自己放棄、連帶著難纏的暴君外貌」。

這種不該被稱為贈與，也不是犧牲。亦即「他人的目的不是目的，必須以我的目的為目的。為了建立我的目的，我犧牲沒關係，但是他人要有所行動。」「當我把他人的目的當成我的目的時，我才獻身。如果換成是他人，也要由我來決定目的的矛盾思想」。

沙　特

由種種紛擾的性格所構成的獻身，最多的例子，就是「將自己的目的當作他人目的的」的混淆。充滿著自我欺瞞的父母、戀人，為了所愛的人的目的勉強的作無理的犧牲。像這樣的種種不合理，會使自己和孩子「被根本的切離」，對他人而言，更是一種可怕的思想。

其實親子之間，很少有目的不同之處，如果有了其結局必是孩子聽從父母的決定。這是由於孩子會認為父母總是為了子女好的緣故吧！

父母與孩子

父母與親子的問題是「人對於他人能做什麼」的思考問題最適切的例子。父母提供孩子的生命與養育。但是，連同的也創造了孩子的「存在」嗎？如果是如此，孩子存在的源頭是源自於雙親，那麼，基本上孩子似乎應當遵從創造主的意志來行事才對。

波娃認為，建立自己「存在」的事實，除了自己本身以外，絕無他人。縱然是父母與子女，也無法跨越橫越在他人與他人之間的鴻溝。人不管如何的掙扎，都只能「到達他人的外側」。因此「我們為他人放棄自己的自由性，或完全為某一人而行動的事實，或為了某人而無法去作某事」的一些想法，其實並不實際。

其實「人不僅無法清楚的知道何謂他人的幸福，甚者，所謂徹底的幸福的這種事實似乎並不存在。」

那麼，我們對他人的自由能作些什麼呢？父母對子女的存在又能提供些什麼呢？波娃回答如下：「其實，我是他人創造自我的出發點。例如：父親所施惠給孩子的健康、教育、財產甚至孩子所使用的金錢……等。無疑的會成為活用的墊腳石。而為他人所立下的基礎，並非是屬於我的。我僅僅是一個道具而已。使用了這個道具，能使他人為自己建立起自己。換言之，即超越我的贈品而達到他一人自己的存在。」

父母無法將自由完完整整的「贈送」給孩子，父母能作的僅僅只是提供孩子自由的條件，其他則不可能了。亦即父母能提供孩子幸福的條件，但卻無法決定孩子最終的幸福。此為何故？因為真正的幸福是屬於個人的自由，而其自由性是不可能被侵入的，也不可能被讓渡出來的，必須完全由自己建立起來的。

基本上，人與人彼此之間無法觸及對方的自由性。互相更不知道對方真正的目的為何。但是，當對方是未成熟的孩子或病人時，或當對方是被心理疾病所侵犯時，父母、醫師、教師必須代替對方來訂定對方的目的。然而這種情形「並不如想像中的容易」。因為想知道他人想做什麼並非易事。

教育就像是如此，將他人真正的目的由外側來加以推測，由他人的代理者—父母或教師進行投企的行為。然而，由他人所代替行使的投企行為，真的能實現他人的真正意志嗎？這是一種賭注。

在他人的意志無法明示的狀態下，父母與教育者是否能以自己的意志來表明他人的真正意志，完全必須以「一己」的意志來決定。因此，當以他人的自由為限時，往往會由於自己的判斷錯誤而曝露在危機中。

德國教育哲學家卜諾說，教育的挫折來自於人的根源性。「實際上，教育是相當自由的，但由於自由是無法被定形且交叉存在著。……這種冒險的性格，屬於教育最內在而本質的東西。也由於如此，當教育孩子的時候，即使已經使他了解理由，其結果有時也會和教育者的意圖相差甚遠，甚至相反。而使教者的意圖遭到挫折的可能性很高。」（卜諾《實存哲學與教育學》）

波娃也是如此認為「人只有在危險中和疑惑中才會犧牲自己」。

指導者的錯覺和宿命

當對方是孩子或病人時，人處於非自由的狀態，而此時的狀態往往會讓人產生容易讓對方行使自由的錯覺。就像是父母錯覺的以為自己完全了解孩子，並且以為能依自己的能力來創造孩子的自由。健康的人，無視於不能動彈的病人的意志；主人相信能自由的對待奴隸；專制的君主忽視著人民的自由意志；執行死刑的人以為能砍殺住犯人的自由……等。

但是，這些毫無疑問的是錯覺。雖然暫時無法表明自由意志，但卻可能隨時回復原有的自由。而且即使是以他人的自由為限，也不可能保證能正確的把握他人的目的。因此，獻身往往是危險的賭注。

儘管多麼熱心的為對方盡心盡力，也不能保證合乎對方的目的或讓對方心生感謝。有時，甚至有可能會激怒對方，或以恩將仇報的行為來對付。像如此，代替無法自由表明意志的他人，來行使他人所要的目的是很難的，且充滿危險的。

儘管父母費盡心力的教育子女，也無法保證孩子會變成父母喜歡的類型。看護者被病人費盡心思的服務，病人往往還不停的埋怨。

波娃說，當父母遭受挫折時會產生強烈的憤怒，這種獻身者的憤怒有如「死刑執行者」所發出的憤怒一般，是一種最極端的怒吼。在具有自由和不具自由的關係下，前者仍無法抹殺，甚至消除後者的自由意志。而這點正是令「死刑執行者」憤怒的原因。

亦即，「即使是奪取被執行的生命，也無法奪取他的自由。如果犧牲者想要擁有自己的意志自由，即使在刑罰中他依然也是持有自己的人生。而這種為自由而形成的鬥爭與痛苦，常會令犧牲者變得偉大。因為除非是他對自己的內在扼殺自己的自由，否則自由的意志永遠不滅。」

父母可以創造孩子的肉體，死刑執行者可以破壞囚人的肉體。但是，父母或死刑執行人卻無法創造或破壞對方的自由。人，縱然能使對方的肉體不自由，但卻無法使對方的意志不自由。但是「一個人如果背叛了自己的意志，任何事都無法如願取得。」此為人個別存在的宿命。在人與人之間，能超越個人性的情況並不多。因此，波娃說黑格爾的理論是「普遍性的」是「樂天主義的」。因為他們「否定了個人性，否定了失敗性」。

然而，實際上父母仍必須去啟發孩子成為獨立的個體。這種情況與政治其實是很相像的。某政治家說「本來政治上的問題就是無法去解決的」，但是，仍舊必須作決定下謀略。

亦即人在對方無法訴諸自由的可能下，縱然有諸多的危險，仍是要有所行動的。此時的行動是一種強迫性的行為，但這種強迫性的行為不能稱之為「惡」。由於對方是人的緣故，具有無限的潛在自由，則這種強迫性行為必遭受挫折的命運。她說「人被安排施予強迫性行為的命運，同時也必遭受重重挫折的命運」。

「事實上依憑著這股非自然的力量，人將小孩形成一個個體的大人，將一個游牧民族組成一個社會。然後從放棄鬥爭、放棄超越性，到放棄自我自由意志的存在。但是，不管這股力量是如何成功，絕對無法消滅被壓迫者不願放棄的自由意志」。

又如，當對方不是自己同輩的情況時，且在無法訴諸對方的自由的情況下，人的行動會變成暴力。但是，波娃認定他們必遭受挫折。舉凡父母、教師、政治的指導者，在精神意義上都不免會遭受到挫折的命運。而這些就是被喻為救世主的這些人的宿命。

感謝的任意性

父母與指導者的行為，是一種以挫折為宿命的犧牲行為。因為將自己作為犧牲是一件相當不容易的事，尤其是不需有任何感謝和報恩回饋的行為，更是多麼偉大。往往他們施恩所及之範圍，以自己和不侵犯對方的自由性為準。恩情本來就是自由的贈與，施恩者和被施恩者之間並不成立著交換的法則。當這種恩情所及的範圍無法被正確認清時，父母與孩子，恩人與被施恩者之間，就容易產生糾紛。波娃說：

「父親，恩人們常常無法了解其真理的奧妙性。施恩者常會指責著受恩者『你會有今天的成就，完全是因為我的緣故，我把你從身無分文變成擁有一切』。事實上，人會將他人存在的基礎放在自己的外側，亦即希望他的施恩者具有同樣的認知。……『你的生命是由我所賦與的』，於是父母要求孩子要恭順。」……「於是有些人卻將賦與的物體和自己的存在加以混淆，對於那些否認自己的自由性的挫折，會加以斷然拒絕。不管做什麼，都認為他人會受到自己存在的影響。然而，事實上他的存在只是他個人的事實而已。」

正如獻身一般，為了他人捨棄自己的自由性是錯誤的，同樣的，為了報恩而捨棄自己的自由性也是不正確的。過分的在意施給他人的恩義，和忘恩一樣具有不同意味的錯誤。

贈與的困難

施恩者和受恩者之間容易產生糾紛的原因是，對於施恩所及範圍的界限的誤解所產生的。捲入糾紛的雙方，條件並非都是自由的。當中的一方是自由，而另一方可能因為糾紛而不自由。基本上，施恩必須是一種贈與的行為，並且是自由的行動。如果是為了自己的目的而利用對方，或為了尋找自己存在理由的代替物而獻身的這些行為都不能構成施恩。縱然是為了對方而犧牲了自我的贈與行為，也該是「絕對無償的」，亦即應該依自己自身的目的作為行為的準則才行。

「人，不是為了他人而存在，而是為了無而存在，此即為自由性。」「所以能製造出令人感動且好意味的母愛，多半也是因為此點的緣故」。

但是，對於賦與寬大自由行動的一方來說，如果被賦與者的一方未能了解自由性的情況，則這個自由不能以自由的現況生存下去，雙方的心靈也無法產生交流。自由的贈與者所希望的僅僅是「那個自由行動，徹底的被認定是自由」。亦即「因這個自由行動而得到利益的人，不要因為一些無根據的純然人為物質而混淆。」

但是，無法了解這種自由性的人，卻往往會傷了寬大贈與者的心。這種人同時也是不能以自身來自由行使贈與行為的人，因此，他們無法解釋對方的行為是自由的贈與。

於是有的時候「他們會以他人阻礙其自由性發展作為解釋，以忘恩的行為來回報。或有時候，為了謝恩使心靈獲得解放，而用贈物作為恩惠的回饋替代」。由於無法對任一他人作自由贈與，使其被贈與時產生不相信的推理。在這種人的理解中大約只有交換行為吧！

除此之外，或許也不想為被施與的恩惠而感受到沉重的負荷。否則的話，他們也許會慌忙的回報呢！波娃說：

「其實有如給小費般的這種贈物行為，對寬大的行為而言是一種侮辱。事實上寬大的贈與，是不希望得到回報的，並且不是為了什麼目的才去行使的，如果是為了有所得才去作的行為，其基本上已經否定了行為的自由性了。」

有目的者將他人予以物化（以對方的行為作為對象物行使手段，亦即「利用」）以這種方式來接受對方行為的存在，並且在受到贈與時予以回報的這種將對方物化的行為，造成他們之間並非以自由和自由的相互作用存在著。而是以一方是自由主動的，受作用的另一方則以物＝手段的關係存在著。這種人與他人交往時就是具備著這種心態，他們經常以手段來維持人際關係，因此，對於這種人縱然自由寬大，但常會因為贈與而被他傷害。

自由的贈與

因而自由贈與的成立，是在於被贈與者也將之視為自由行為的情況下才成立的。這種情況下的自由贈與，其自由的行為能被對方的心完全接受。亦即「施與者的自由性是和他人的自由性相互依存著」。施與者的自由性能從他人自由的鏡面中鮮明的被映出來，並且具有了活生生的價值。得到他人自由性的相互共鳴，使得自己的自由性變得具有實在性。因他人自由的存在，而使自己的自由顯得豐富。此外，因他人而證實了自己的自由性就是最好的禮物了，又何需他人的謝禮呢？波娃說：

「被瞭解和被同意的謝恩中，看起來似乎是二種相互矛盾的自由性。而實際上他人的自由性和我的自由性應該是相互支撐和依存的。對我而言，將自己作為對象物的同時，對於自由性要能加以掌握。並且要認定我的位置是由他人所建立起來的。而在位置的那面確認了自己的存在。此時，還錢不是問題，但用金錢作為支付他人的報酬卻不存在。他人為我所作的事，和我為他人所作的事之間，是沒有一定的尺度的。」

與他人的自由性相依

對波娃而言，與他人自由性相依的情況，與其說是自己的自由性受到侵害，不如說是真正的完成自己的自由性。其實這種被切的支離破碎，相互之間絕不能有所侵犯的自由性，在她看來是一種矛盾的想法。

亦即人與人之間存在著「無緣的自由性」。這種情況造成人的價值觀各有不同，並且無法相互比較。這種說法就有如「馬的美和狗的美」是無法比較的說法是相同的。

各個個體所擁有的幸福造成的價值，也就無法用等級來區分。所以，人對於彼此的宿命本就是無緣。「人的計劃支離破碎，並且相互爭戰」。正如我們可以無視「僕人」對「偉人」的嘲笑，無視對「自我的批判」一般。我們將批判的人看成是物體。同樣的，將對方看成是物體無視對方價值的存在。人便是在一種「被看成是客體」和「使存在收縮甚至被輕視」的狀態下相互生存著。

波娃的意圖點是堅持自己的自由投企，並且用沉默和否認來抵抗別人所給她的侮辱，同時接受自己自由的聲音和他人心靈的交流。波娃本身是作家，而她所投企的行為就是創作和關心世界。藝術作品是人自由意圖的一種表現，而藝術作品必然的也具有和他人溝通的性格。

藝術創作通常「要求被理解，被予以正當化。」然而這種來自於他人的「自由呼喚」，僅可以用來啟發自己的自由性，卻不能將之視為範本，否則將形成束縛。因此，不妨害或無視內心中真正的聲音才稱之為自由。「訊息，能捕捉其真正意識的那點即稱為訊息」。

為了和他人的自由性相依存，訊息的相互捕捉則是必要的。波娃認為「要和他人建立關係，必須具備二個條件」。

一是「自己的意見與呼聲得以表達」。也就是「舉凡想要將我的聲音消滅，

年輕時的波娃

妨害我的表現和影響我存在的對方，我要和他戰鬥」。

第二個條件是「能與我自由的意志相互呼應的人」。能對呼聲相互呼應的人，對自己自由和價值觀的具體內容有時會以抵觸的形式存在。「我的計劃和對方的計劃有時是合一，有時是互相抵觸，因此，會以同盟者的形式存在，或以敵對的立場存在。」

以一個文學作家為例，他說：「因為愛，想要，所以要持續它的存在。」「因此，對自我的自由，自我的行為，甚至自我的作品，我要為其存在而奮鬥。」

波娃認為對他人自由性的相依，是「自由性」的「本質的要求」。「亦即，我們對於自己的現存，和建立起自己的存在，或形成必要的物質，他人是必要的因素。」作品的發表，相同的也是以他人的存在為前提。「身為藝術家，不能僅是堅守著自己的理念而什麼都不管，因為那些被肉體束縛的他人正待著被啟發。

因此，自由的人，對自我的行為和自己的作品要肩負以啟發和奮鬥的責任。」

相遇的條件

和他人位置相遇的具體條件為何呢？其實向著自由而努力的人均是平等的。例如：「想要學讀書和寫字的文盲者」和「發現新小說的學者」的努力之間，沒有「道德的階級」。但是，兩者所完成的成果，對於具體的相互間的努力並沒有任何的效用。亦即兩者的努力點位置大不相同的緣故。二人自由性的位置因不相近而無法相互影響。

「他人的自由性對於我有何用呢？如果他人的目的剛好也是我自身的目的，在此時我會以他人的自由性作為出發點。或由他人將我作為道具的存在，這是對道具的利用。有如學者來說，他們只對和自己達到同一水準的人說話。於是他們彼此之間會以同一標準作為工作的基礎，並對自己課以自己的理論。他人能依我的超越性而行動，是由於我和他人均在同一條路上的基準點之故。」

對自由的奮鬥只有二個方向。一是「自己的自由性會依前進運動而自我超越」，而二是，他人的自我「超越性會跟從超越性而努力的追越現有的位置」。這種情況就有如「探險隊的領導者」一般，為「自己的前進標上新的道路，等待落伍者而落在後方，和為了誘導自己的跟從者而跑到前方行進」。

然而並非所有的人都會跟從。無關心的人，落伍的人，妨害的人，不理會說服的人各種等等。只有參加探險隊的人能相互牽絆緊密的關連在一起，我們稱之為伙伴或同輩。他們現在為了某一特殊的投企而相互需要，彼此之間背負著「他人的自由性」。

這「幾個自由性」有如「沒有支柱的圓形天井般，相互支撐著」，而這圓形的天井在此一特殊的終了後便會變成過去，或凝固成一段過去的訊息。

以波娃的哲學觀來看，所謂「普遍性」和「人性的本質」的「支柱」是不存在的。不管在如何的情況下，調和也只是一時的並不會靜止。「人類在一種空虛的狀態下懸吊著。並且在自己創造的空虛中反省著人類對自我的充實性」。

所以，自由性和自由性的相遇往往是暫時的，瞬間的。而這種相遇後的情形常是被切離的支離破碎只留下個人。相遇是一種奇蹟，如果在一個程度之後仍持續著相遇，可說是瞬間以奇蹟式的持續存在著。

他人的兩義性

因此，他人具有兩種意義。他人一方面將我的存在予以物化，另一方面他人完全了我的存在。他人以他的眼光將我當作是「物」奪取我的主體性。

但另一方面，他人以他的眼光將我的自由認定是自由而使之繼續存在。我的自由雖然是由我的主體所負荷，但是當它受到肯定時，我的自由則更有具體性，更有現實性。

所謂他人的眼光就是指他人對自由價值的評價。當他人不將我評價為有用的物質時，對他人而言，我的人格不存在。我對他人而言，是某一有用的才能，有用的勞動力，或僅是性慾望的對象而已。如果我僅僅是他人的手段，那麼，我和他人之間不可能產生人格的交流。

因此，對他人而言我之所以存在，是由於他人能夠承認我的自由人格。然而只有自己是自由的人，才能將他人的自由當作是自由來接受，自由彼此之間相互需要著。

所謂自由是當我想接受他人的意識時，所表現出來的意念稱之為自由。而自由所希望的是，能以自由表現，以自由來評價，和以自由來接受。因此，當我希望的自由無法得到他人的認定時，對他人而言我的自由並不存在。我的存在只是我自己本身。但是，當對方閉著眼對我的存在毫不關心時，則我和對方之間沒有任何一點關連。對對方而言我僅僅是物而已。只有對方張開眼睛來關心我的自由時，我的自由對我而言，和對對方而言才都存在。

波娃因此敘述如下：「對他人的自由性而言，有我存在的必要。因此，我的本質要求是在我的面前同樣具有自由的人」。「亦即，我們自我現存的建立，他人是必要而不可或缺的因素。」

因此，自由和自由的關係是相互對應的。自由和自由的交流是成立於雙方自由的相遇。

例如：以男女的關係來說，男性如果對女性的自由要求不予認同，則女性的自由要求單單的只是一種惡的終了。相反的，不想獨立的女性如果不想要自由，而只想依存著男性，則此時這個被依附的男性孤獨應該放置在那裏呢？所以說，自由和自由的交流是存在於雙方都接受對方的自由時的狀況下。

第三章　西蒙波娃的主要著作

《第二性》

執筆的意圖

對波娃來說，這本書的標題原本欲命名為《他者、第二的存在》。亦即男性是「本質的存在」，相對的，女性是以「非本質而存在」。其次以《另一性》為標題，亦即非本質的另一性。最後才認定以《第二性》的標題為最適當。

「他者」這句話，是這本書再三討論過的標題。「他者」是如前所述的「多餘者」「他人的」之意。亦即人的社會＝男性中心社會的「他人的」意思。

以男性為中心的社會，一切的價值標準都是以男性為準。女性是「與本質相對的非本質物質」。而「男性是『主體』、『絕對』的」。「女性是（他者）」＝「相對的不存在」。

「男性沒有女性照樣可以生存，而女性不能沒有男性」。男性是「人類當中最絕對的典型」。但女性是「『不成功的男性』、『偶然性存在』」的代表。並且女性是「亞當『多餘的骨頭』所創造的」，故女性在基本上是非本質的。

相反的從非本質的女性內側來探討，「他者」即是，從他人的眼光看來，自己是被排擠在外的一群。女性是男性社會所創造出來的「女人」的一種形象。並且企圖將女性的自我存在埋沒在「女人」的角色中。亦即女性自古以來即扮演著「被賦與」的角色。而扮演的角色至始至終都全是如此。如果從這角色中脫離，也無法發現自我存在，於是不能不以「女人」來繼續偽裝下去。這種偽裝和無法發現自我存在的現象也稱為「他者」。

演員可以因演技而賦與自己變成各式各樣的角色。但是，女性自己卻不能給自己賦與任何自己想要的角色。女性的各種姿態是來自於外界，正如魔法一般，魔杖一揮讓對方變成各式各樣的形象，有人讓女性變成如其所要的面貌。女性對所被施與的魔法無力解除，只有被動的生存下去，這種「他人性」的詛咒是無法解開的。

《第二性》是回到歷史的出發點，來解明女性為何被放置在「惡劣」的立場的探討，而試圖以歷史來說明這是歷史所造成的結果。

「我所主張的是兩者（男與女）不相違反的自然文化的世界，對於這樣的不同點，我以幼年期到老年期作整個系列的探討。我對於世界對女性的生存接受或拒絕的可能性，以及女性的界限、不幸、幸運、逃避作了檢討」（《時勢之力》上）。內容分為以下五部。

⑴女人是如此被創造的。
⑵女性的生存之道。
⑶女人的歷史和命運。
⑷自由的女性。
⑸文學所出現的女人。

⑴女人是如此被創造的

幸福的被動性

《第二性》的第一分冊正如題名，所說明的正是女人是如何從幼兒時期就被創造出來的。

嬰兒，最先意識到的是「在雙親的眼神中一個客體的自己」，而這種眼神具有很大的魔力，能使自己成為「可愛的天使」或是「怪物」。大人們對他而言具有「賦與其存在的力量」。「大人們對孩子而言是有如神一般的形象」。而嬰兒則是在大人眼神中的客體，「只有突然被疏遠了」「才會意識到自我的存在」。這種情況和女性以客體之居的「女人」＝「他者－存在」具有相類似的地方。亦即，嬰兒也是他者性的。因此，孩子的「幸福被動性」在「最初的三、四年，女兒和兒子並沒有任何認知上的差別」。

人在幼年時期，母子間具有一體的融合情感，而此時是人最幸福的最原始形態。作為他人則不會對自我的存在感到強烈的壓力。於是藉由這種「肉體的融合」將自己隱身至他人眼神的安全地帶，並且將自己徹底的排除於外。

所有的人都對那種原始的自他一體的幸福抱著憧憬，我們將此種情懷稱之為撒嬌。「撒嬌」的感情是自他一體的境地。「撒嬌者」和「被撒嬌者」因情感的統合而雙雙存在。「撒嬌」的感情是由於自己拒絕形成一獨立自我的人格，企求與對方的感情融合而產生的。例如，小孩子在大人面前一直表現可愛的樣子，或纏著大人，或鬧彆扭等。

男子和女子

波娃認為男孩子會積極被帶離孩子的狀態。「男孩子不可以要人家抱……男孩子不可輕易哭泣」，類似這種作法，使得男孩子的獨立在雙親眼中是值得獎勵的，他們認為「不該在他人面前喪失男子氣概」。「男孩子為了顯赫的前途要鼓勵男性振作雄風」，男孩子對於「撒嬌」的女孩要學習以輕蔑來代替羨慕。而這種自尊就是「陽剛氣的化身」，然而這「並非是自發性的，而是透過周圍的態度而形成的」。

相反的，女孩則處於被容忍的狀態。當她在「流淚」時，大人常能用寬大的態度來對待，她的「表情和媚態」也被認為是有趣的。「肉體的接觸和親切的眼神保護著女孩，使之免於孤獨的苦惱」。

女孩有如洋娃娃一般溫柔、可愛、溫順的話會為他人所喜歡，於是「這些女孩為了被中意，有了必須像『繪畫般美麗』的認知」。對女孩子來說，在此階段已經發現了『美』、『醜』的意義。亦即女子對他人所見到的部分的自我存在──美的、醜的會相當執著於此點。這是由於女子很早就對自己活動的主體的身體，認為不如他人所看到被動的客體的身體來的關心的緣故。

孩提時代的教育造成極大的差異，並且經由家庭教育而被助長。男子被教育成「向著世界前進，並且自由地依循應有的態度去修業」。「他和他的同伴們相互競爭，養成了剛毅而獨立的人格」。「爬上樹和友人格鬥，玩粗魯的遊戲，使自己的肉體達到自然支配的手段，和把握鬥爭的一種道具。他們對自己的性器也同樣的誇讚。透過遊戲、運動、相撲、挑戰、試練，發現了自己力量最均衡的使用，同時也了解了嚴格忍耐的教育。他們忍耐毆打、不向痛苦屈服、並且在年幼時就學習否定眼淚」。

「在具體的目標中確立自己，在彼此的意志之間，認知沒有根本的對立」，這點對男孩而言是很重要的。「相反的，對女孩而言，在最初的自主的存在和『他者存在』之間早已發生了衝突」。女孩因為是女孩的緣故，所以吵架、毆打、喧嘩都會被指責。女孩被禁止爬上樹木、椅子和屋頂，所有能表現「勇敢的」行為均被禁止。亦即登上高處感受精神優越和克服恐怖的危險挑戰的自尊，都在無形中被剝奪了。

波娃認為，「如果是被男子所教育的女子，就沒有女性的缺點」。

永遠的孩子

女子的教育欠缺，從年幼時就看的很清楚。在女子的教育目標中從來就沒有創造自由獨立人格的這一項。主要目的就是，要將人本身的態度和理想從自己的命運完全的切離。女子的「被動性」被積極的溫存起來。亦即被動性被認為是女人的特性。孩子的被動性＝「他者性」被當作是女子的本性而被容忍存在。

對被動性的獎勵和所禁止的主動性方面，舉凡是操練筋骨，運動較激烈的行動，向危險挑戰的冒險，向高處攀登、和他人競爭、相互喧嘩、管閒事……等諸如此類的主動行為，都是被禁止的，若有那位女子行使這些行為，便被冠上「輕佻女子」的名字。

但是，這些「禁止的行為」卻是使女子教育中人格成長萌芽期遭受阻礙的原因。在人類中，女性＝雌＝被動性的愚蠢和偏見，把人類中的女性視之與動物雌體般的軟弱動物。然而作為生物所具有的堅守自己的個體和保持最小的主動性的根本，卻被迫以人為的方式從幼兒時被破壞。並被注定女性的命運般的被動性。將女性的一生保持在「孩子的精神狀態」，孩子無法供養自己，無法規律自己的生活，並且無法駕御自己的慾望，是無法超越自身和經常失敗的人。

而波娃所謂的自由，就是自身能不斷的主動去超越而存在，這種主動性被剝奪的女性，終其一生都會有如孩子般幼稚而固執的存在著。孩子和女性就有如雌性動物一般，雌性動物的本能會佔據在自己的性別上一步也不移動，成為精神的怠慢者。成為他人的奴隸的同時，也成了自己的奴隸。女性被訂定在「永遠的孩子」的基礎，就身體的成熟點來說，已變成大人，但就成人社會而言，則是被排除在外的「他者」。

女性的敵人，母親

類似此種對女子的調教行為，的確是以男性為中心的社會產物。但是，進行調教行為的，卻不外是母親＝女性，從此點來看確實令人覺得諷刺。

今天的台灣許多母親也是相同的，在「不可以」的語氣中將女孩子自由意志的嫩芽摘除掉的這種母親很多。在幼兒期就將自由的芽摘除，甚至為了資格，為了學歷，使用許多的金錢去堆砌，然而訓練調教出來的，充其量不過是眼光如豆的小家碧玉。

參考現在的兒童研究所發表的言論，卻證實了波娃的指責。

美國的伊雷那・E・馬可喜心理學者也敘述如下：「以一現年六歲，今後四年間智能指數若能增加的孩子，則會有旺盛的競爭心，強烈的自我主張，富有獨立心並將其他的孩子具有支配慾。相反的，今後四年指數若減少的孩子，會較被動，較內向，並且依賴心較強。」

另一美國兒童發展中心之一的研究員也引用了如下的回答：「少女要成為有智慧的人需要什麼樣的成長過程？」「最好最快的方法，便是讓她在幼年期的其中一段時間經歷所謂的『屌兒郎當行為』。」

青春期的自卑感

女性長久的在封閉的思想中成長變成傳統的女子，其教育結果在思春期時形成一強烈的致命傷。男性對於自己發達的肉體在青春期時尤其感到滿意，然而相反的，女性對於自己的肉體卻強烈的感到不安和嫌惡，肉體形成一個沉重而痛苦的客體。

「她們將自己視為世界另一端的異鄉人一般的不安與陌生」。對世界而言，她們處於一種被動狀態，並將這種關聯直接由肉體傳達到思想。

對男性而言，「他們對自己主權的確立十分的自信，並且對這種狀態感到滿意。即使面對外來的侮辱，也會有如棄物一般的毫不在意，甚至毆打與暴行對他們來說也不易摧毀他們的自由意志」。

對於這些來說，傳統的女性是絕對無法和男性並駕齊驅的。「無法靈活的去運用自己的肉體，對人類而言尤其是女性來說，是一件相當可悲的事」。

然而，「如果能讓女性對自己的肉體充滿自信，進入世界去盡情發揮，則女性的缺點就變得簡單而容易彌補」。想要解開被動性的關鍵枷鎖，首先要能捨棄肉體自卑的情結。「羽量級的拳擊手和重量級的選手具有相同的價值，而滑雪的女選手同樣也不輸給競走的男選手」。

令人不可思議的是，根據調查，必須直接勞動體力和筋骨的女性或女運動選手，能輕易地從肉體的自卑感中獲得解放。這即是「積極的完成獨立自主的自我」所帶來的影響。這種影響將女性由「來自男性」的肉體自卑中，領悟自我存在的重要性。並且得到知識創造性的解放。

但是，一般而言女性「要求自我個體的完成」遠比「男性青年來的困難」。

「家族和社會風氣對於她的努力無法援助」。不像「青年很容易的可以從人生出發」，這是由於男性並無違反人的條件，而女性和其天職之間有了背離。因此鑑於這個理由，青春期是女性決定日後成為何種女性的決定性時期。

女性的青春期，決定了人生的歧路與否。如果只是採取曖昧的態度，並且避免自己做決定，則會使自己走上懸吊於空中的浮游狀態。而形成女性在社會中的漂浮地位。

女性縱然全力投球，也不會被接受，甚至仍是處於失利的角色，因此基於此種想法，許多女性在還未全力投入之前，就已經採取尋求庇護的角色了。於是面對來自四方的壓力，有些女性變得八面玲瓏，對職業有利的即轉向職業，對結婚有利的即轉向結婚。並依對方的情形而採取被動的姿態。一方面注意職業適當，一方面只要注意自己的容貌身姿要合男性的意思。

這種懸吊在空中的狀態，使女性喪失了自身衝刺的機會。女性將自己的決定讓給他人。對於女性的天職是結婚和家庭的觀念，處於否定與肯定的矛盾狀態，結局是使自己喪失更多。

⑵女性的生存之道

結婚的意義

在《第二性》的第二分冊中，描述著被塑造女性的生存之道，並對結婚生活內容和母性的內容加以檢討。

對一個自由的人而言，結婚形成家庭並非代表著負面的意義。自由對等的男女二人，具有幸福的私生活是決定人生的重要關鍵。一個人在公眾世界具有活動的空間和同時具有幸福的私生活，都是不可欠缺的。缺一則會使人格無法達成圓滿。

但是，對於女性而言，此二種條件並無法被滿足。因為只有結婚和家庭的傳統女性，在其自主的主體未成熟之際就以結婚的形式，從雙親的扶養移轉到丈夫的扶養下了。

結婚，使原本是個性相異的男女，在互相自由的交涉中，達成人格成熟的目標。但是，在女性自由少的社會中，結婚則使得這種目標越離越遠。

「一般來說，結婚並非因為愛，『丈夫是所愛的人的代用品，並非是男性本身』（佛洛伊德）。……結婚是男與女在經濟上和性愛上的結合，並向著所有的集團利益不斷超越。確保個人的幸福，並非是目標」。在一個沒有女性自由的社會中，「愛和個性都不存在」。「為了確保男人的一生都會不斷的施與保護，個人的愛必須放棄」。「亦即女人不能建立個別的性格，這種一般性所造成的女性只是生物的種類，並且以沒有個性的形態快樂的活著。」

結婚的欺瞞

對女性而言，從古至今女性被灌輸著「女人的生存意義是愛情」或者「愛是女人幸福的一切」的觀念。但現實的一面，婚姻卻是在精打細算和有如動物般的獎勵下被完成的。愛的理想是一種欺瞞，為何會如此呢？也許是因為只有女性抱持著對愛的理想，而男性卻對愛幾乎無關心的緣故吧！亦即只有女性主觀式的幻想，使女性的人格成熟還不足以實現愛的理想就結婚的緣故。

對於那些在社會上，和個人方面都欠缺的女性，若要用結婚來取代愛的理想則是無理的。但是，結婚的私生活的幸福並無法補足女性的不成熟人格。丈夫無法利用個人的力量來填補妻子人格上的不足。

「個人無借用他人的力量尋求自身存在的理由」。於是所能作的僅是將這種女性無法達到的野心移轉經由丈夫，而企求其達到成功的地位。但是，大部分的人都無法如預期般如妻所願，此時妻子的心理則容易充滿怨恨。然而，無論如何妻子對結婚的過度期待，會造成丈夫的沉重負荷。將丈夫認為是萬能的救濟者是未成熟的想法。

「愛」與其說是浪漫，不如說是自由的果實，在沒有自由創造力的地方，愛的故事不會產生。私生活的幸福和公眾的幸福應該是相對的。沒有最初的自由投企，私生活的安適的意味也就不存在。將自由投企從家庭中切離，家只是一個「永遠無聊」的地方。

「沒有野心、沒有熱情、沒有目標，只有無限的往返反覆，終日被『鍍金』的平庸圍繞著，並且在沒有任何理由反省的情況下漸漸的滑向死亡」。私生活和家庭生活不可說是不好，但是，將自由從家庭中切離，成為一個沒有窗口的家庭總是不好的。

內在的世界和真實的結婚

波娃將家庭的意味，命名為「內在」的世界。在此世界中的行動「生產、競爭、創造、進步，不斷超越在世界的全體性和無限的未來中的自己」完全的被切離，一個安靜的世界，有如「避難所、洞穴、和被外界威脅時可躲藏的密室」「一種反世界」的永遠的同一性，家庭「內在」的世界。

具有此種性格的家庭內的主婦，每天反覆操作著無意義而相同的工作。「就有如被刑罰般，每天的洗洗擦擦，揮去家具上的塵土，修補著衣服。待明天，乾淨的地方又被弄髒了，或又要修補衣服了。主婦永遠的停留在同一地點團團轉，並且使得現在被永遠化。她們並未具備了積極的態度去改變，去創造。」「將種種不同的事物組合成固定的模式，剩下的僅是長久的被動和空虛的時間」。

像這樣的女性結婚生活使她們變成「無」。結婚對這些女人而言，是一種救濟而非浪漫的神話。換句話來說，是這些女性從幼年期就沒有努力地去充實自我存在的踏實感，而造成變成「無」的命運終點。

那麼何種結婚？何種家庭才意味著浪漫的故事呢？關於這點波娃原則上只是

稍作一些表示。然而最重要的一點是——

「結婚是自主的二個共同體相互的結合，而非是用來隱遁或逃避或一時救濟的地方。……夫婦應當互相視對方為共同體，而不是當作緊閉的密房。以個人各自和社會發生關聯，並獨自讓自己的成果開花結果。此時才能以寬大的心和社會及另一個個人相連結。並在相互的認知上自由的關聯。如此，對烏托邦似的男女並非是夢想，甚至有時在結婚的形態內也會有此種情形存在。然而也有很多並非是如此的，而是依憑外來的力量而結合的。有的人在性愛方面結合，在友情與工作上並不自由。有的人則正好相反。……男與女的關係中蘊藏著多樣的變化。友誼、快樂、信賴、愛情、相愛等，使得男女之間構成互動的人際關係中最豐富的源泉。」

母性和「奇異的創造」

結婚和愛的神話的結局是幻想，這種心情可以淡淡的體會到。但是，母性卻是神聖的，母性是女性最終的自我實現，而這種觀念目前正熱切的被相信著。尤其是在東方，母性型的文化圈和母性的地域變成有力的被信仰著。像「女性雖是

波 娃

惡，但母性卻是善的」的觀念普遍的滲透到現今一般男性的思想中。

但是，問題是女性個人的挫折，亦即個人的成熟失敗的一切是否能由母性來彌補呢？母性是女性挫折的萬能救濟者的情況也是有的。而孩子是否是女人未能從丈夫身上得到的「愛的理想」的實現。

波娃對此說法堅決的反對。她引用施迪格的敘述如下：「孩子不是愛的代用品，也不能用來取代破滅的人生目的。孩子並非是用來滿足生活空虛的道具。那是一個責任，一個沉重的義務。也是自由的愛的最有價值的花飾」。

然而，懷孕對於女性而言是一種確立自我存在的事實。「母親會在孩子中找出使自我豐富的事實」。亦即孩子是「自我存在的現實保證」。

波娃認為妊娠的定義是「在偶然和事實性中所創造出來的奇蹟」。生命活動的自體是處於一種反覆往返的狀態。但是「新芽」的活動與無生氣的肉體是不同的，它推動整個主體向著未來前進。「新芽冒出來的時候，會變成株枝，變成泉源，變成花。不斷的超越充實現在的同時，也向著未來緩緩移動」。「胎兒是未來全體的要約，女性深深的感覺到自我世界的寬闊」。

妊娠是「女性自己對自己所扮演的一場戲劇」。「在未來的母體中主體與客體的對立會被消滅」。

妊娠的生命創造使主體在未存在前享受著主客未分化前的幸福片刻。妊娠的女性「在此刻得到斷奶時的補償」。這種生命自體的幸福是女性「自少女時代以來最深切的慾望」。「就此沉睡，有如進入睡眠世界般的回到混沌之初」。她們「忘記了自己」，有如自己是「體內生長的生命之寶」。

成功的母親和不滿的母親

妊娠使得女人得以創造一個肉體。但波娃認為，如果單單只是如此不能充分創造一個人的理由。

亦即，「只有這種簡單的理由不足以讓自我去建立一個實存的生命」。因為今日存在的自身，不能為明日存在的他者創造一個存在的理由。

隨著孩子的成長，孩子作一個實存主體的比例會增加，主體和客體未分化的融合幸福會被破壞。孩子逐漸「個性化」的同時，孩子對母親而言，逐漸變成他者。親子的關係會隨著孩子的成長而變化成相互對等的關係。但是，問題是作為女性的母親，在其自我個性化失敗的情況下，將如何援助孩子個性化？

其實，如果說母性是女性最高的完成，那麼，這句話實際上是針對個性化成功的母親而言的。

「將『母性』當作宗教般的視為母性的模範的宣言，實際上是一種欺瞞。何故？能夠真正完全將自己奉獻給子女，而不要求回饋的母親，確是十分值得宣揚。然而實際上的女性也只變成普遍的母性而已，其由自戀，他愛精神、夢想、誠實、欺瞞、獻身、快樂、蔑視等混合而成的」。

母親從孩子的成長那一天開始，將再度發現孩子具有孩子自己的個性。此時親子之間的血緣則超越了自然的「偶然性」和「事實性」。對女性而言，養育子女是一種自由而自然的投企。由於母親的睿智作用，使得母親能自然的牽絆住孩子共同超越現存。母親的投企是教育者的投企，而這樣的成功是教育者的成功。

個人和個人的相遇，使得親子之間倍增幸福。能做到這樣的母親，其條件是首先母親本身的人生是成功的。

「個人生活越豐富的母親，對子女的奉獻越多，對孩子的需求也最少。經過努力、奮鬥的女性才能獲得人真正的價值，也才能成為最好的教育者。」

但相反的，當母親對自我實現的欲求不滿，或對丈夫的愛有所不滿時，被教育的孩子則處於危險的條件之下。這是由於母親欲企圖通過孩子，將自己未實現的夢想加以實現。或無法從丈夫身上得到的愛，企圖從孩子身上獲得。或者是在社會無法行使支配的慾望，而轉由孩子來實現的緣故。

因此，將女人視為毫無差別，並將教育子女的責任交由女性來背負，如果能安心，確是不可思議的事情。亦即在女性精神的發展條件並不完全的情況下，將孩子交由此種人來教育，毫無疑問的是無法教育出成功的人。

亦即被社會人認定只有未成年心智的女性，卻被賦與「創造最優秀的社會人」的重任，毫無疑問的是由於「母性信仰」所引導出來的錯誤觀念。

以台灣人而言，他們認為家事的責任是女性，和身為社會人的男性並沒有任何關係。即女人被認為專長於家庭的種種。然而家庭生活只是人生的一半，引用波娃的話來說，實際上女人原本應與社會有所關聯的另一半，也完全的埋沒在「內在」的領域中。女性的潛在欲求不滿，以一種屈折的方式形成某種傷害加諸到無力反抗的孩子身上。

現在社會的種種問題，孩子的自殺、不願上學、家庭暴力、拒食症……等，與女性問題有重大關聯。波娃如下的指責更正確的點出問題所在。

「由於我們的風俗使得孩子遭遇到重大的危險。因此，可以說將孩子的手腳束縛住使之長大成人的母親，常是慾望不滿足的女人或是遭受挫折的女人。在性方面，女性多是冷感症或是欲求不滿的。在社會方面，則是面對男性時有自卑意識的女人，在世界和未來則不抱存任何希望。於是這些女人透過孩子來取得人生的補償。男人如果知道女人心中有那麼多的慾望，反抗力、自負、要求都被藏在心底，而以另一種形式施給無防備的孩子，是否會因此而感到恐懼呢？」

母親的復仇

這種母親會將屈折的復仇，以種種的形式出現。

第一種即是過度的支配慾＝虐待主義。她們對於孩子的成長，要求「盲目的服從」。對於孩子的所有是「嫉妒的，是獨佔的」，並將「自己以外的東西，完全的拉開」。在教育的美名下母親歇斯底里，任性的打孩子。「母親打孩子不僅是打孩子而已，從某種意義來看，實際上打孩子並非目的，而是透過這種行為發洩心中對男人、對社會和對自己的仇恨」。

第二種是，相反的來看似乎是為了孩子而犧牲自己理想的母親，然而實際上是「自虐症的獻身」。

「這種母親為了彌補內心的空虛，或是為了處罰自己不自覺的敵意而變成孩子的奴隸。為了孩子的離開而無限的擔心，於是她放棄一切的快樂，對個人的生活不抱任何希望。其結果是擺出一副犧牲者的嘴臉。像這種以自我犧牲的形式，對孩子一切獨立權利不予認定的母親。……對孩子而言，母親的臉挑起孩子的罪惡感，形成一種沉重的壓力加諸在孩子生涯上。這種方法較前面的第一種方法更有害」。

第一種方法是，將孩子當作奴隸的作法，第二種作法是，將自己當作奴隸的作法。現代的母親們雖是有問題，但並沒有到如此病態的地步。但據統計，家庭有過分干涉和放任的傾向。過分干涉是第一種作法，放任是第二種作法的變化。

第一和第二共通的地方是母親把孩子個性化和自由的人格成熟條件加以抹殺。並且在愛情的名目下行使其行為。

對於受害者的男孩和女孩，則各有差異。男子被母親認為是將來會具有女人得不到特權而存在的人。因此，母親們會有「生男孩是美好的事」，甚至認為生男孩就是生出個英雄。「孩子長大後會成為指導者、軍人，甚至創造者」。而身為女人的母親資格，則因此而有「不朽的參與」而存在。

對於現代而言，英雄也許不再是現代人所企求的目標，然而母親對孩子的期待，卻轉變成以丈夫未達成的夢想為夢想。於是讓孩子成為偉人的願望和將孩子放在自我的支配下「永遠的孩子」的願望，在此時產生相互矛盾的現象。讓「孩子成為無限」和希望孩子永遠依存在身邊的情況，是母親的一種兩價性情結（ambivalence）。會使孩子的心產生混亂。

亦即一方面希望孩子是天才，經得起競爭並對勝利熱烈追加的同時，又希望孩子有如嬰兒般的受到保護。波娃對此樂觀的認為，男孩子會由於「風氣和社會」或父親的關係而被拯救，換言之「能輕鬆的擺脫」。

而女子，因為無法得到「風氣和社會」的相助，「被母親選擇並認定是同一階級的成員」。母親想將女兒予以同類化，「想在女兒的身上看到有如自己的畫像」。母親們對女兒的他性並不認同，當然其中也有寬大的母親存在。但是「女兒的他性過於清楚，母親會認為被背叛」。女兒想要獨立，常會激起母親極力的反抗。

第二是母親對女兒的態度其實是充滿矛盾的。母親認為「自己就是活生生的寫照，於是不期望女兒跟自己相同成為劣等人」，另方面，又認為女兒超越了自己，於是對這種不安產生抵抗。母親對女兒「希望不要和自己有相同的命運」，於是有的母親反對「凶暴的禁止和自己相似」。這種情況就有如「品行不端的母親想將女兒送到宗教學校，而無智的母親要女兒努力讀書」一般。

母親對女兒的這種複雜態度是源於母親對自己的態度「模稜兩可」的緣故。「大部分的女人對生為女人的要求條件感到嫌惡，於是在這種反感下生存著」。而母親因為厭煩生為女人的種種，於是期望女兒不同於自己。但是，對於要脫離自己同類的女兒，由於超出了支配圈，因此，又感到不滿意。所以，當女兒個性化而成為他者時，對母親而言是一種最高的罪惡。因為這種情況，破壞了母親唯一殘留下來發揮權力的場合。

「無論是熱情的母親或反感的母親，都不希望女兒獨立。她們會有雙重的嫉妒，當女兒獲得世界的同時，世界也將女兒從我這邊偷走而成為它的一部分」。「不是經由我來影響就是惡」。這點對母親而言，她對於在女兒身邊給予別的影響的人——友人、教師、友人的母親——「特別的反感」。

從前面所說的看來，母親一方面希望女兒能超越「女人的命運」，另一方面卻又將這種希望打碎。今日的社會，與年輕女性對自己的確立，較男性來得困難的原因也就是在此。由母親所造成的妨害或者是成為女性無能的緣故。

母親角色的條件

以上說明對母性無條件的崇拜是錯誤的。在世間上一般對孩子的教育，將母親的責任當作議論的比例，可以說是很少，甚至閉口不談。

「世間對於女人的輕蔑和對母性的尊敬，在看似和諧的面具下，可以說是一種欺瞞。對於女人……男性的職業很少是為女人而敞開的，甚至公開說明女人是無能的發言，而對於『人類的形成』此種最重要的工作交給了女性，對此的確是充滿了矛盾。」

母親創造了孩子的肉體，並進而予以養育。但是，這並不表示母親就創造了孩子。母親「不能為明日存在的他者，建立一個他自身存在的理由」。「孩子存在的理由只有由孩子自己去創造」。母親不能創造孩子的精神自由，但優秀的母親卻可擔任助產士一般的角色，來幫助它的誕生。

一個女人該具備何種條件才能擔任完整母親的角色呢？這個女人「必須具備著完整的人格，對於工作和集團的相關連都能自己獨立完成，並且對孩子不採取壓抑的手段，不向孩子要求太多」為條件。亦即母性對女性而言應該是「自由而且誠實的被需要」，如此才能真正的全面成為完成自己的要素。

⑶女人的歷史和命運

工具的掌握

《第二性》第三分冊將女性的存在從生物學、心理學、歷史學的觀點來加以討論，在此將以特別重要的思想和歷史觀點作為討論的重點。亦即恩格斯「女性歷史的大敗北」的原因為何，和波娃對於恩格斯唯物史觀念的見解。

女性在歷史上總是居於失敗的角色的原因是由於，女性在轉化成一自由人的腳步太過於緩慢之故。波娃的見解第一特徵是，她對原始社會是母系社會，女性地位優越的傳說並不認定。「這個世界經常是屬於男性所有的」。「女性不會因為母性而獲得最高位。這個理由是因為人類不單是由自然所孕育出來的」。

人之所以為人的理由，除了人比其他的動物更為優秀的原因之外，人還能超越自然的界限。而「工具」是人類手腕的延長，即藉由「工具」人類克服了自然的界限，並在超越自然之上獲得更多的功用。使得人對於世界的支配擴大。「工具」使得人是「無力」的咒語被解開了。

男性利用「工具」，將自己從自然的束縛中自由的解放出來。而女性的「生育」，雖然是為了延續後代子孫所產生的，但是，相對的如果沒有經期，女性在無法「生育」之下則「無法發現實存主張的動機」。因此，女性對生育則是「被動般的受到支配的生理命運」。

「雌性的動物有發情期，而這些和季節的周期都有關，使得雌性動物的體力能受到調節和節育」。然而人，從「適齡的青春期一直到更年期」卻毫無限制。「在幾個世紀之間，女人的生育數量一直無法獲得調節」，越來越多的人口數量，使得質量的獲取必須提升。「夭折的嬰兒，或因戰爭而犧牲的人，疾病，勉強的使生育和死去的數量保持一個平均的狀態」。

同樣是延續和維持種族的行為「男性的情況根本不同。他們並非似蜜蜂般單單的只有生命衝動來養育團體，他利用動物的條件來超越行為。Homo Faber（人間生產者），最初是一個發明家，手持棍棒和長棒將果實打落，將野獸撲殺，他們利用工具擴大了對世界的支配。……為了維持平均他必須創造，他們脫離現在開拓未來。以漁撈和狩獵的遠征形成了神聖性格」。

總而言之，工具的發明，把男性主體的態度從根本加以變革，而此即是波娃的見解。工具的使用，使男性從自然的被動和屈從中被解放，從而獲得自身的尊嚴。相反的「女性無法將器具視為自己的將來」。「女人的不幸是源於未參與男性工作者的勞動緣故，這點使得女人從共存中被排除在外」。「男性並不認同女性是同類，女性因未參與勞動，而淪為神祕生命的從屬者」。

工具使得男性對女性產生了不同的認同，這點就是波娃解釋的獨特。工具不單使得人類的勞動力大大的增加，也使人「透過新的工具更具新的要求」。「他從發現青銅工具後，庭園的開發已經不能滿足他的需求了。於是進而耕作開墾宏大的田園」。這時男性和女性對慾望的野心已有了層次上的不同。「女性的無能力，是由於男性在財富增加勢力擴張之後，對女性地位的態度，使得女性節節敗退。」

「生性」和「殺性」

根據波娃而言，不僅是限於人，動物生而為延續種族的存在而努力。除此之外似乎不可能創造新的價值。

然而「為了種族的維持，重新創造」，雖然如此，「一般而言創造單單是從異形態之中反覆同一個『生命』而已」。亦即動物視維持生命的種族為最高的價值。而人的存在卻是站在生命價值之上，追求生命之上的價值。「看看種種奉獻的人，以及世界中形形色色的英雄，新工具的創造、發明、建築未來」。「由於超越，使得單單是反覆的一切價值由創造的價值所代替」。

由於以上的原因，引導了人類的逆說行為。對人類而言，人往往會選擇「生存的理由」勝於「生命」。為了「生存的理由」甚至可以捨去生命。對人而言，「生存的理由」是比生命本身更重要的事。「人自認是萬物之上，並非是由於生命的緣故，而是由於人能將自己的生命暴露於危險之故。人在生產方面無法得以節制，而在殺性方面獲得平均」。

對於此，波娃以黑格爾的主人和奴隸的辯證法來說明。「主人的特權是由於主人將自己的生命暴露在危險中，而對生命有了『精神』主張」，而主人就好比是男人。固執的違反生命的安全。而避開生命安全的奴隸立場就有如女性一般，此為「殺性的優位」說明。

這種「殺」的意味是「賭命」或「將全身投入」的說法來的較正確。人，超越了動物的行為，並將命賭注於危險之中。然而人的自由，常是因歷經危險後而獲得。當奴隸對自己的壓迫者，為了生命的自由而賭注戰鬥時，他也可能會獲得自由。過去的主人被打敗了，奴隸成為主人。對於這點，女性的「根源的無法將自己的『生命』暴露在危險中的實存者」。因此，女性永遠在生命之中依靠「『實存』而不超越『生命』」而存在著。女性在生命的生育和日日的生活操練中往返，亦即被關閉在「生命和內在領域中」渡日。

女性是屬於「生產性」的，並且對自己生理的機能無法調節。而這意味著「雌性動物為了種族的延續所作的犧牲更勝於雄性」。人為了自由的發展，努力的去擺脫作為人的命運，而男性就是早一步獲得自由的人。此為男性的「生物學的特權」＝沒有生性的困擾，是一偶然的特權。

生產和勞動是維持種族存在的基本條件，同樣是扮演維持種族的角色，而偶然的一方卻領先一步獲得了人的主體性。

對恩格斯的批判

波娃把女性敗退的第一原因，歸因於男性的主體者的態度差異，而恩格斯（Friedrich Engels 一八二〇～九五，德國社會主義者），是以財產關係來畫分基本權力關係。新的道具的發明使男性獲得莫大的財富，也造成男女分業的崩潰，並使女性的工作＝家事接近無。即男性的生產具有主導權。由於生產力增大，帶來了剩餘物質，戰爭所俘虜的犯人不予以殺害而當成奴隸使用。奴隸從事生產，但是卻不能擁有其「所有」。

這種「所有」（＝私有財產）與「勞動」的分離因而產生，也產生了主人與奴隸的關係，此為「階級」的開始。

於是有了壓迫者與被壓迫者，榨取者與被榨取者的關係發生。女性的、男性的奴隸變成被壓迫者，從「所有」除外。財產由父親傳給兒子，男人和男人的繼承使得母權制崩潰，移轉到家長制。恩格斯稱為「女性歷史的大敗退」。恩格斯的見解，女性的劣性原因是由於生物上永遠的欠缺。由歷史方向來考證，對這點和波娃的見解倒是一致。

但波娃對於以下之另一點並不滿意。因為她認為恩格斯並未將共有財產制如何轉變成私有財產制度說明的十分清楚。而私有財產制度又為何會變成壓迫女性的工具，也未交待完全。大抵上，如果將男性和女性的關係比喻為資產和無資產階級的關係是不正確的。的確男對女的關係有些類似階級的區分。「但是兩者卻不可混為一談。因為階級的區分中並無生物作為基礎」。女性和無產階級最大的不同，是在社會中是否背負著重要的勞動。「勞動使得被支配的奴隸意識到自己的存在。無產階級更經由反抗感覺到自己的條件與本質的確立，甚而威脅到榨取者的立場。無產階級最希望的就是階級區分的消失。」

恩格斯

事實上，在歷史的事件中在在可見被支配者經由革命變成支配者。運用道具和從事生產的人往往會比主人更可能掌握世界。但是，女性似乎連反抗的手都沒有，又如何能帶動世界成為領導者呢？然而當所談論的女性不是女人，而是勞動的婦人的情況下，女性與無產階級者該是相同的。

但是，男女關係終究還是不能用階級來區分。男女關係中，階級、身份和社會區分的影響很大，但卻不是社會要素。在男女的熱情中，社會法則仍屬於流動性的，國家並沒有直接左右的能力。充其量也只能因戰爭而間接的決定女人是結婚或是賣春的狀況而已。

波娃對恩格斯的「所有」經濟範圍的說明並不滿意。即所有和個人的人格關係界定過於模糊。特別是私有財產和個人關係的解釋。波娃認為「個人的所有」的觀念形成，必須是以往被埋波在集團中的人，以個人的立場出現並且有了「實存者的根源條件」，個人所有才有可能存在。「個人離開共同生活常會追求某種特質的東西（mana）。這種東西也是一種非人格，超自然的力量。這種力量潛伏在每個人的精神領域中而形成不同的人，並予以不同的個性化。此時給予各人一塊地，勞動的道具和收穫私有。於是這些人在東西成為自己而變成富人的同時，再一次體會自己的存在本質。」

波娃所不滿的第二點是恩格斯單單將道具意味著技術進步＝財富增大。就如前所說的「具有道具的人所表現出來的態度」才是最重要的。

波娃的著重焦點是實存者的態度，她的基本問題是「為何在同一個出發點上男會勝於女呢」？道具不單是使男性的財富增加的一種手段而已，道具使得男性超過了動物的界限並超越了自身無限的界限。這種動機成功的確立了人主體的立場，而這正是波娃所要表達的主要點。

⑷女人的神話——他者性的神話和愛的神話

他者和相互性

《第二性》第四、第五分冊，使用廣泛文學的資料，將與女性有關的神話＝欺瞞的幻想加以詮釋。人的社會將女性視為劣性＝他者，而這種差別結果使得男性與女性的相互性充滿欺瞞。

於是她將如何欺瞞和如何迷失他性的理論加以說明。以下敘述二個大別，一是他者性的神話～男性的欺瞞，和愛的神話～女性的自我欺瞞，成第三分冊的要約。而第四分冊是「自由的女人」主要是討論過渡期的女性因應的種種事項。

「一者」即為「同一者」和他者的立場是相對立的，而此兩者的立場並非固定不變的。奴隸反抗主人成功之後，會成為新的主人，相同的二者的對立立場與角色會不時的替換著。為何如此說呢？

假定將人類的對立意識以邏輯的觀念去推想，就可以明瞭兩者的關係決不固定。亦即「主體因對立而確立了自己，並以自身為本質而將他者視為非本質的客體」。但是「相同的，被視為他者的客體也會因為確立了自己的本質而相互對立」。於是產生對方與客體，他者與主體之間的無限鬥爭。

人和人之間多多少少存在著「村與村、族與族、國家與國家、階級和階級」的立場，於是引發了鬥爭、交易和契約等現象。「這種現象將『他者』的絕對性立場完全消滅，而以相對性的立場來取代。也因此個人或集團的相互關係和相互性得以確定」。敵對的關係因交易和契約的緣故，形成一種平和的實際關係。

這也正是波娃的理想，她期望他者能經由戲劇性的立場達到和平的關係＝相互性的存在。正如前所說，與其說是自己的自由侵害，不如說是真正的完成自己的自由。但是，只要是主體的意識，就難免具有「以自己為最高的主體的慾望」和「將他人當作奴隸來完成自己」的心態。

想要通過這種相剋的心態，而達到和平的相互性是很困難的。「這種想讓對方互相承認其自由的個體，和相互以自己的對方為主體，而達到實現相互自由產生友情的想法，是一種很不容易的美德。事實上，也正是人類最高境界的完成，人類能經由這裏看到自己真實的蹤影。但是這種建築真實自我的美德仍有可能會因鬥爭的真實而中止」。「將敵意轉變為協力是一種永不斷絕的經過」。

這種理論為有如「煉獄」一般悲慘的人間相剋現象帶來了一線光明，然而這種美德仍有其有限存在的範圍。即建築人類最高美德的範圍並非是永續的，而是斷斷續續的存在著。今日以和平的相互性來承諾對方為同志，明日也可能已經無法作此保證了，明天的友情和寬大早已消失也說不定。

人的美德是那麼的不易取得與稀少，只有不斷的努力才能得以維持。雖然這種要求會帶來「不斷的緊張」，但是它欲能扭轉他性所代表的意義。「真實的他性，是將自我的意識和個別的意識視而為同一意識，而無等級與歧見」。為了拯救人的孤獨，完成自己的自由他者是有其必要的。一個成熟的個人，其條件「不僅是自身的現存」，更能和他人達到相互性的立場。

「永遠的他性」神話

然而女性是他者的情況下，這個他者，很遺憾的並非如前所說的「真實的他性」。「真實的他性」經常是能促使本質甦醒的，即以含有他性為媒介的本質。然而女性的情況則是「本質無法從非本質中被粹取出來」而是形成永遠的他者。作為他者的女性和男性之間，無法得到相互性的確立。

從歷史的演變來看，女性不能成為男性的精神同伴者，是一個事實。但是，這個事實卻被普遍性的予以絕對化，於是神話產生，活生生的現實被忽視了。女人的神話是將女性「無法回復為本質的非本質」固定的觀念化。成立了「永遠的女性」神話。由於女性沒有其主體性，因此只有女性神話而沒有男性神話。

「一切神話的成立，是將自己的希望和恐懼向超越的時空拋執而去，因此『主體』有其必要存在的立場。女性不把『主體』的立場建立起來，因此，無法將自己的投企反映成男性神話。她們沒有自己的宗教。似乎連夢想都要透過男性來完成，她們所崇拜的是男性所創造出來的神。……世界的表象和世界的本身是同樣的，男人用自己的觀點來描繪這個世界，使得觀點和絕對的真理被相互混淆了」。亦即男性掌握了這個世界的價值觀，這種力量甚至能達到人類的夢中。這種價值觀在夢中有男性的個性，同時也有男性的利害關係存在。

神話經常保護著支配者的利害，企圖使支配的角色永遠化。男性不論在政治上或是經濟上都站在比女性優越的地位，而同時也使得個人比女性的地位是優越的立場得以保證。

神話將女性規定為「永遠的他性」，因此，男性不會被女性的主體性威脅而能感到安泰。然而男性和男性的關係，則是經常處於緊張不安當中，有時是激烈得相互鬥爭，有時是參與其交易。縱然勉強得到平和的關係，但仍要靠著毫無間斷的努力和「不斷的緊張」才得以繼續維持。而「協力」幾時會變成「敵意」更是不知。但是，男人無他人是「永遠無法達成自己的」。因此，我們可以說「精神的不安」是為了自己發展所需付出的代價。

不安中的安心

在男人和女人的關係中，男人得以逃避不安和得到「安心」。男人將女人視為「永遠的他者性」，並且有視其「絕對不能超越男人」的意圖存在。男和女的關係是「不安中的安心」的夢想。也是男人對女人認為可以免於自由和自由的鬥爭和從孤獨中逃脫所作的夢。

「永遠的他者性」的女人「對於自然的敵意是沉默的，並且不作相互尊重的嚴苛要求……」。女性的「半途不透明的意識」是「順從的意識」，這種「順從的自由」正是男人所需要所希望的。以上種種男性所規定的神話，正是男人的夢所產生的投影。

但是，夢也只是夢。夢和活生生的現實相比較是「普遍」，「貧弱和單調」的。關於女人的夢，只有站在「男和女是同等者」的立場來考量，才會變得比現實人生更豐富而華麗。男人夢想者男性是「本質的存在」而女性是非本質的，並且是男性的「思想上天真無邪」的產物。女性成為他者是一種偶然，然而男人為了安逸的願望將偶然予以絕對化。

人無論是誰都「討厭困難」和「害怕危險」。對母親而言，孩子人格獨立是辛苦的事。而在此同時，對男人而言，女人的獨立人格無異是增加自己對決的對象，更是件辛苦的事。以男性為中心的社會，於是將女性的一方視為「他者」的宣言轉變為真理。大部分「過分認真」的男人也就確信不疑。對這點來說確無不可思議之處了。

「神話使得原本可依常識去辨別的精神方向，不知覺的踏入虛偽的客觀性的陷阱」。男人拒絕了女性的相互性關係，是由於男性對女性的自由感到不安而加以拒絕。這種拒絕是迴避自身成長的可能性，並向著背面成長。將自身視為已達最大極限投企，而無法忍耐更多的勞苦和不安。於是對困難的施與加以拒絕，更進而產生逃避至令人心安的地方的衝動。所以，那些「過分認真的人」就因價值的判斷所伴隨而來的苦惱而有逃避的想法。

男和女相比較的話，女人多半是被認為會選擇安逸之道，或者女與男和男與男的關係一比較起來，也多半認為女人微不足道。而這種女人的神話主要的正是源於男性尋求逃避之處所產生的觀念。

將「永遠無法超越自己的意圖」加諸在女性身上而形成的女人的神話，是男人的弱點＝人的弱點——亦即從自由中逃脫而成立的。所以，女性神話也正是在男性的保守性和退縮的精神下才產生的。

女性的神祕

對女人和男人而言，男人＝同類和自然，亦即「二者間最理想的中間物」。而女人雖然是以聖母瑪麗亞般的代表為男性的神最忠實的僕人，另一方面卻無法得知如何的生命才算得上是自然。她們被要求以順從來對待男人，因此，女人的神話中男人即意味著自然的代表。

「男性善於開發和利用自然。但也會被自然所壓扁。……自然是男性生命的源頭，也是其自我意志服從的領土。……自然是其友邦也是其敵人，仿如阻礙生命湧現的混沌黑暗，又似生命足以庇靠的彼岸。女性是成立於『母』和『妻』的理念上，而這也是所謂對女性的意義」。

男性對女性的奇妙態度是，不能沒有但又恐懼。男性利用自然來接近女性之後，確立了自己實存的生命和引導出其內在世界。然而被引導出來的內在世界，其實是本來就存在於男性自身中的。

即「男性把自己個別的實存加以確立並在自己『本質的差異』上誇大炫耀。但同時也將自我的境界打破，將水、大地、夜、『虛無』的、『全體』的，完全予以溶化」。因此，男性對女性的恐懼其實是緣於對自身恐懼。「男性將自己肉體的偶發性恐懼投射到女人」的緣故。

因此，男人對女人的態度應該是具有兩相的。首先是母親般的女性，她們一方面有如「供給樹液的根，和哺育大地的清泉，滋潤著眾生」。但是相反的，她們也是「黑暗的臉孔」。

「她們讓一切東西從無形中發生，再回歸到混沌的『虛無』中去。……猶如黑夜中靜待吞掉男性的惡魔。對男性而言是相當可怕的」。男性靠著創造力超越了自然的界限，但是，到最後卻還是必須回歸到自然。因此，對於母親所創造的生命現象有了不可解的莫名恐懼與神祕。

但是，女人的神祕其中一個原因是，女人所具有的內容並不完整。因為女人本身「並不了解自己為何」？因為所謂的他者的女人並沒有「被男人以相同的地位去對待著」而存在的緣故。

女性對自身的確認是屬於混淆不清的狀態，此時要如何讓男人了解女人是何者呢？當女性被放置在客觀的狀況下，「女性被社會放置於外，於是透過了社會的觀點無法客觀的決定時」，「多數的女性放棄了超越自己的道路」。

於是產生了「女人是什麼？女人什麼都不是？」「女人的神祕一打開，其中也許空無一物？」的猜疑與神祕。

所以，最後而言女人的神祕是「奴隸的特性」。女人和奴隸常會依主人的喜好而左右自己的命運。因此，很少會將自己的心意表明給主人明瞭。所有的僅僅是表現著主人所中意的演技而已。「如謎般不動的微笑著或者毫無感動的應付著」有人就如此形容過女人。

奴隸是不需要意志和感情的，他會為了生存強制自己說謊。常期性的偽裝使得真實的自己無法被培育起來。

因此，在女性是神祕的現象中含有對女人是不信用的，不知腹中藏有什麼的惡意理念與批判。女性和男性是同胞但卻不是友人，而這也是由於男性社會不將之視為相等對待之故。

男性原本就計劃著從自由的人際關係的不安中去逃脫，於是自然的就必須逃避女性的自由相互性。但是，這種欠缺相互性的結果，是將男女之間的相互理解變成不可能。

神話的破綻

女人的神話一是源於不可思議的生命現象，另一是源於男性對女性的欺瞞態度。女人的神話中往往是由於人對存在有限性的恐怖投影。在女人的神話中，男性對女性的惡意解釋處處可見。

但是，男性的任性所編織而成的夢，成為神話中的破綻而被發現。女的神話特徵是「相反性」。

亦即「女人是夏娃的同時卻也是聖母瑪麗亞。同樣是偶像也是下女的代表。不僅是生命的源泉也是黑暗的力量。……女人是男人的餌食，也是男人破滅的源頭」。「與聖母的相關語是殘酷的繼母。有如天使般的姑娘的反面卻是墮落的處女。由於是『生命之母』也是『死亡之母』，於是女人所具有的不僅是一切具有純粹精神的處女，但也是奉獻給惡魔的肉體」。

夢是主觀的，無論是男人或是女人的夢均是如此。男人的夢被現實的女人所打破，女人的夢被現實的男人所打破。如果男女關係能依相互性成立，則男女就能打破雙方的夢想經由整合修復，而認識到雙方實在的影像。

但是，當相互性並不存在時，只有男人的夢獲得肯定，則男人無法完全把握女人的全體像。男人的夢是「充滿矛盾的」。因此，男人的價值體系獨佔了社會顯示出統一的一種體系。這種看來似乎是統一，但實際上卻是女人因依其男性價值而被視為善或惡。因此，在被動狀態下不對價值體系有任何的異議。

「女性不表現出任何一固定概念。於是通過女性，希望與失敗、憎恨與愛、善與惡，惡與善，不斷的在轉移中進行」。這種將女性相互性加以拒絕，只留下男性精神的力量，以為能利用這種力量來解開生死之謎的想法，全是男性思想上自以為是的結果。

無解的神祕和禁忌

正如上所述，男性是支配了女性，但是，對於女性的理解卻是失敗的。男性為了讓女性服從而將女性編入社會。然而，對於女人的個性，卻只承認男性社會所希望的。

例如：基督教中的聖母瑪麗亞，所擁有的地位就代表最崇高的精神象徵。但是，波娃卻認為，沒有比瑪麗亞的信仰更讓男人覺得所獲得的是「男性決定性的勝利」了。在瑪麗亞的信仰中，第一，瑪麗亞的「自己的肉體」被予以完全的否認。第二即「自己接受從屬性的角色分配」。這種「『主的婢女』的情形，是自人類有歷史以來，第一個讓母親曲膝卑躬的跪在孩子的面前，承認自己的劣等性的神話」。瑪麗亞的精神性由於是女性的緣故，所以，必須接受作為男性的兒子所分配的從屬角色，而這才是造成瑪麗亞成為受讚地位的源由。這種瑪麗亞的性格與古代女神相比較更是可以看得很清楚。

「眾多古代的女神多是被描述為殘忍、淫蕩和力量的象徵。更是生和死的源泉。她們甚至將男性作為自己的奴隸」。這點與瑪麗亞比較起來，可知是一種對男性徹底的支配，具有女人原始威力的不可忽視而值得注意的一種社會。

一般而言，「女性的要素保持的越自然，就越含有力量和威力」。而這種要素有些由於不為男性接受，於是慢慢的被捨棄。最後，男性雖然支配了女性，但是卻也留下了無法支配的部分，而這也就是女人的魔性。正如德國傳說中的人魚羅勒萊般，對男性有一種無法抗拒的魔力。即女性與他者中，「雖然被合併，但仍殘留著他性」。

男性為了讓女性「遠離自然」，於是利用了種種「禁忌和儀式」來限制。例如：將擁有自然而開放的女性暗喻為「利用歌聲引導漁船撞上暗礁使漁夫們喪命的人魚」，或是暗喻為「會將暗戀自己的男人變成野獸的妖精」。這些個妖精所建立的妖精王國，會使得被捕的男性喪失意志和失去超越自己的力量而被永遠的埋沒。這也就是「自然」的女人所擁有的恐怖魔力。

但是，問題是禁忌和儀式是由外而施給的外在壓力，這種強制力果然真的能夠改變女人嗎？恐怕只是將魔力一時壓抑住而已吧！

其實女性的改變，除了女人自己之外再也沒有別人能將之改變了。女人之所以捨棄魔力是為了成為男性社會中正式的一員。

「她們將自己所具有的力量，透過男性社會向著未來超越和伸展」。在男性的想法中，女性成為社會的正式一員，不但不會破壞社會，甚至不會為了獨佔社會而將男性逐出社會。然而，也確實是如此。女性的神祕性是不可解的，因為女性本身甚至從不提出自身為何者的問題，自然不會去追究與探討。

男性達成支配女性的目的而使女性服從。但是，女性「一旦被組入家庭社會中，女性的魅力就會消失。這種變成婢女狀態的女人，則不是具有豐富財富的男人所要追求的自由奔放的獵物」。「結婚是愛情的墳墓」。雖然女性因無害而被組入社會，但卻因此而喪失了魅力。

對男人而言，得手的女人就猶如得手的青鳥一般，不再稀罕。但是，這正是男人忽視了女人的真正「存在」的東西所付出的代價。

並無神祕之處

波娃的理想是，男與女兩者相互的存在著，並且男女能夠同時的超越自己的內在。男與女相互的去發展自由並且能容忍自由的相剋。

當一個女人具有不恐懼的精神，努力豐富學習的精神，那麼，她就猶如具有男性的勇氣般再無任何的神祕。

波娃再次引用史坦達爾（Standhal，一七八三～一八四二，法國作家，本名Marie Henri Beyls，有「法國近代小說鼻祖」之稱，有《紅與黑》等作品）的名言「女性和男性一樣，沒有比較優秀也沒有比較惡劣」。因此，被摒棄在社會之外的女性經此「逆轉作用」的解釋之後，可以發現她們實際上是具有高貴的情操。

女人不像男人常為了「金錢、名譽、地位和權力」而「完全迷失了自己」。史坦達爾認為女性是「真正的自由存在」，有時甚至為熱情而以生命作賭注。由於他對女性的自由能夠完全的加以了解。因此，他並不認為女性有何神祕。

關於神祕，其實只要是有關他人的內心一般都是被視為神祕。亦即「各人以自身作為主體，因此，只能掌握自己的內在世界。所以，只要是牽涉到他人的便被認為是神祕」。男與女之間除了生物個體上的差異所帶來的神祕之外，更有所謂「神祕的呼喚」，「此種神祕的呼喚既非是來自於意識主觀的孤獨，也非是有機生命的祕密，有時更不是由於女人的神秘或沉默所引起的，而是女人並未聽到所要聽的話」。除此之外，「女人對朋友、同事、工作的協助者而言並不神祕，這點倒是值得注意」。

然而，之所以會形成其不同的要點，在於男性方面是否有意去發現女性精神的存在，即女性是否有意接受其自由的呼喚。被呼喚的女性自由有時尚需視女性的接受與否。對女人而言，那種一開始就視女人為客體的男人，是無法發現女性的自由性的。同時，這種男性對女性的關係更是欠缺著「言語」。

而在於女性方面，如果其本身不去發現自己的自由意志，而僅視男人為其享樂和慾望的依靠，那麼即使男人發出「言語」來呼喚其自由意志，女性也依舊是充耳不聞的。然而男性認為女性神祕與否有時仍視其「言語」＝自由的呼聲是否能被接受。在同事或公事的協助者的情況下，性別並不是最重要的，重要的是為了共通的「計劃」與行動而作溝通的「言語」。在此前提下建立了彼此的信賴與相互了解，所以，並不感覺到女人的神祕。

追求個別的確認

其實，男人的存在不僅是源自於對女人要求的「永遠的他性」，另一方面，更潛在的希望追求「真實的他性」。何故？因為男性不僅希望獲得男性的承認，同時也希望得到女性的承認。以女人的眼光為媒介，充分的被確認男性的個性是相當令人愉快的。

令人矛盾的是，一方面忽略對方而視為客體，另一方面卻又承認對方的存在角色。就如同女人的美貌因男人的感歎而更添光輝，而騎士的勇敢行動因貴婦的讚美而更添光榮。他者會扼殺自己，同時也會使自己更加生長。女人對男人而言是他者，但是，女人「作為一個對象的機能和作為一個審判者的機能是無法被切離的」。女人是反映出男性存在的鏡子，並且是具有判斷力的鏡子。然而判斷力不外乎是源於精神的能力。再則，男性對女性視為「永遠的他者」的人格否定，同時也要求具有審判者的人格。所以，終結而言，「男性所夢見的『他者』，不僅是用來佔為己有，更是為了確認自己的存在而產生的。

男性為何不能從男性的世界所作的評價中獲得滿足呢？這確實是一個很有趣的問題。其實，有可能是因為男性的世界過於緊張的緣故。甚至連停下來眺望一下自己的時間都沒有。

「男性由於終日將自己埋首於協助和鬥爭的關係之中，因此無法成為相互的參考者。……女性從男性的活動中脫離而不加入競爭和鬥爭，因此，這種立場最適於扮演觀察者的角色」。女性之所以被要求為旁觀者＝第三者，並非是源於客觀性。

但這個理由仍舊值得深究。的確男性社會的評價是較具「客觀性」，也較能以「普遍的尺度來看待事物」。然而「男人的眼神」總是具有「抽象的嚴厲」。況且這種來自於集團的男性評價，其評價結局多視對集團所付出的貢獻度，或在集團中所佔的地位而定。並且集團僅能對個人和集團的關係作評價，而無法對個人與個人的目的和意識作評價。同樣的集團可以依個人對集團的價值作評價，但卻無法利用個人對個人本身的價值作評價。

因此，集團所無法做到的卻可經由女人的眼光中被反映出來。使得個人與個人的目的意識乃至思考能力都能經由女人的觀察而形成「本質的特質」。

例如：母親希望孩子成為對國家有用的人之前，他不希望孩子的個性完全的顯現出來。因此，男性希望「女性作為他的他者，並能將最深的自我從他者的目光中反映出來」。男人對自我個人在沒有自覺時，會被埋沒在男性集團之中。即「對自己的命運毫無關心」時，女性只是男性「享樂的對象」。但是，「當男性對自己的個性化展開要求時。他會同時承認了妻子的個性自由」。

「真實的他性」

波娃引用下例馬爾魯（André Malraux，法國作家、政治家）的文章來作為他者典型的確認。「社會中的男性是裁判我的人。而愛我的人是不會裁判我的人，縱然我失敗了，她還是愛我，她所愛的就是我現在的行為，為了愛我，她甚至願意和我一起死」。男與女之間「真實的他性」是包含別人人格的自我人格，亦即「我的意識和個別的意識是同一意識」。這種觀念使得男女之間沒有神話也沒有虛假。

「男人在男女關係中所處的態度，若是相互性。對女人要求其真正的面目，而不要求她依照自己不實的想法，才是真正的愛。」

解開他者性神話的門道，必須依賴男與女之間「真實的他性」。女人不能作為「男人自戀情結所要求反映出來的鏡子」，女人應該放棄「偽裝的他者」成為真正的自我。「然而這種拒絕與否認神話的作法，並非是對兩性之間的關係作一戲劇性的扭轉，也不藉由女人的現實來否定男人所發現的正面意義。更不是要將詩、愛、冒險、幸福、夢想統統搗毀。所想要的僅僅是想在真理基礎中去追求行動、感情和熱情」。

男性和女性之間依然殘留著不同的個性魅力。而在相互的魅力中才能使不好的、欺騙的、恐怖和猜疑的心永遠消失。

「偉大的愛情傳奇」

戀愛論和結婚論，自古以來就不被列入值得討論的名單中。這是由於戀愛和結婚都是由私事所引起的，和國家、公眾世界的大事比較起來也就顯得微不足道的緣故！但是，以藝術方面的第一級階段來說，戀愛是詩、音樂和小說等藝術的創造泉源。而這可能是因為感情多半是老實的緣故。但是，以思想的世界來說，戀愛只不過是私人感情和人生的一部分而已，沒有什麼值得探討之處。

過去的思想是由男人所創造出來的，因而思想所伴隨而來的價值觀，也就等於是由男人所定下的。所以在過去的歷史中，人所存在的觀念，往往將女性視為無，和女性的關係也從未被當作是問題討論過。對於女性問題更從未自覺的去加以正視。當然史坦達爾的戀愛論是一個例外。

在這種狀況下，作為女性的波娃，將戀愛加以討論，應該是一件深具意義的事。可說是女性哲學者的一項功績。

波娃的想法和史坦達爾的想法正好不謀而合。他們兩者都大大的討論戀愛，即「偉大的愛情傳奇」，並將它放在戀愛論的頂點。然而愛有無數的階段，有的可以用生命作賭注，有的僅是散散心般暫時滿足慾望的愛，各式各樣不勝枚舉。亦即愛對人的尺度而言是分成好幾個階段的。不過，這是由於個人情操水準高低不同，和人格成熟程度的不同之故。

波娃和史坦達爾的共通點在於「偉大的愛情傳奇」。他們一致認為這種表現是人類情感的最高表現。「偉大的愛情傳奇」使得男人將全人格完全顯現出來相遇後，產生可以值得用生命作為賭注的想法。而且從這種「傳奇」中可以看出真正而純粹的熱情。

人長期的生活在社會中，為了去適應不同的事物而必須通情達理，於是在不知不覺中被虛榮心所埋沒，並且扼殺了真實的心和真實的熱情。然後在為了便利和精打細算中而結婚，此時純粹的熱情早已不再。所謂真實的熱情是能夠超越世俗的情理，世俗的打算的。當真實而自由的感情能克服困難而顯現出來時，此時兩性的社會地位和身分的差別，早已不是問題。

女人的社會地位雖低，但是，女性的熱情和高度的純粹而真實的心，應該和男性一樣具有同等的地位。不管社會制度如何，熱情能貫通固有的真實，並且利用靈魂的真實面超越愚劣的社會制度。史坦達爾認為這種感情的奇蹟是一種——稀罕的表現——因此可稱得上是「偉大的愛情傳奇」。

史坦達爾像和「真實的戀愛」

但從社會的實際情況來看，這種詩般的理想不但無法實現，更有可能被社會的風氣所窒息而消失。對男人而言，探究女性關係的真面目是一件令人可恥的事情。而對女人而言，要追求這些如詩般的理想，不如作些精打細算而有利的事。所以，「偉大的愛情傳奇」到此已受到大大的誤謬和挫折。因為將女人從社會地位中逐出的社會，怎麼可能讓這種猶如詩的價值的愛情傳奇，佔有一席之地呢？因此，正如「詩是由挫折所產生的一般，愛情也產生了謬誤」。

在波娃和史坦達爾的世界中這種荒謬的錯誤使得人性的真實性受到埋沒。所以，他們最討厭那些「自以為是通情達理的人」和抓著「金錢、名譽、地位、權力」的人不放棄崇拜尤如偶像的人，因為這種人已在不知不覺中「壓榨了生命中一切最光輝的自由與真實」。「依著現在社會的想法，利用虛假的感情，服從社會的習慣，內在空無一物的人」和「裝出猶如貞潔淑女，充滿偽善特徵的女人」等等，是最令史坦達爾感到厭惡的人。所以，史坦達爾對女人的要求均是與社會所要求相反的。

史坦達爾像

即「首先別陷入通情達理的陷阱中，因為世間所謂重要的事是不可能由女人來決定的。因此，女人不應該像男人一般，容易迷失在其中而喪失自我。史坦達爾為何對女人給予較高的評價，並認為她們應該是自然無邪氣和不失高貴的呢？因為認為今日真正被稱之為女人的女性」。其「自由是真實的存在著」。

「因她高貴的心而感動。……雖然由外感受不到她內在像火焰般赤熱的心。但是，只要輕輕一吹就足以燃燒她們的全身。……她們真正的價值是以自我為源泉而不為外物所動，她們自知其內心深處所需為何」。

「這些女人們保存了高度而純粹的自由，一旦遇到合乎自己理想的人，她們的熱情即會顯現出來」。

這些女人們乍時初看，就像是生長在田舍偏狹環境中，被埋沒而無教養的女人。然而她們心中所出現的熱情，也並非是事先就能預料的，她們的自由是貫徹熱情戰鬥的開始。到此時「任何的方法、任何的手段、任何的通情達理都無法成為範例作為指導」。決斷是除了勇氣之外已無第二種路可走。「雷娜夫人（《紅與黑》的女主角）違反了社會道德，愛上了朱利安。」她們所發出的「真正的自然、自發」的感受性突破了社會制度，也突破了世間上道德所認定的女子應有的角色——即半個奴隸的「他者」角色限制。

一旦覺醒了真實的自己性，縱然受到世界的限制，她也寧以死來貫徹自己。與其作個虛偽的自己，不如作個真實的自己。即她們寧可選擇「生存的理由」而死也不願為了生存而生存。這些女子從「主人與奴隸」中的「奴隸」角色脫離出來，而具有和男性相同的自由主體性。因此，我們可以說女人是從愛的關係中去發覺自由的主體性。

「偉大的愛情傳奇」的特徵，是相遇的兩人其人格受到根本性的影響。即變成和昨日完全不同的人。朱利安和雷娜夫人的相遇，使得她的信心不同於別的女人。而「朱利安原本想成為野心家的慾望，也在遇到雷娜夫人後改觀」。亦即「戀愛會改變彼此的生命」。「透過女人的影響，對女人的行動的反應」。

然而，男女之間如果僅僅是「表面的慾望」，那麼，他們互相所愛的只是佔有對方有趣的一面。他們所追求的是相互間偶然的「他者」。對他們而言，男女之間個性和個性相交融的事，可從來就未曾被思考過。

今天雖然是處於一個自由的世界中，戀愛也變得相當自由，然而令人挖苦的是「真正的戀愛」似乎越來越少了。對「偉大的愛情傳奇」的憧憬已不像以前那麼流行了。到未來那個時代，也許個人會變成相當平板而無趣！

永遠的愛的幻想

愛，對於男人而言，由於和女性有所關聯，因此，被賦與較低的評價。相反的，對女性而言卻是一種「價值的存在」，因此，容易給予過大的評價，女人對愛的幻想之源是由於過大評價之故。

波娃主張愛的感情是達到感情的最高點的理論。這是由於為了反對過小評價的反抗傾向所造成的，再者，甚至基於過大評價而不將幻想的假想剝落。身為女性的波娃，對於戀愛傳奇的愛的價值給與最高的評價，對於愛中所產生的忍耐、欺瞞，都會在女性的愛的名目下得以寬恕和赦免。

愛是永遠的思想，只不過是女性們如詩一般的幻想罷了。世界上所謂完美無缺，絕對的愛的存在和愛是絕對不動的心志調和的觀念，是受到波娃所反對的。她認為「『永遠』是永久不變與靜止是相同的」，而這種現象和人類中普遍存在企圖超越的現象並無法一致。其實幸福是存在於超越的運動中，而非在「靜止」的「樂園」中。以愛為名的幸福就如同繪圖上的餅一般，是不實際的。許多「過分認真的人」甚至相信「在人以前，沒有人的時候，世界就已存在」。其實，這是「假的客觀性的幻想」。

人類通常是「熱切的達到自己的目的」後，又開始進行下一次的企圖行動。「不動的樂園只有永遠的退屈、約束和無聊」不是嗎？人想要有如詩般的幸福只有在自己的名義下才能存在，而自由只有在不斷的超越運動中才會存在。所謂調和、充足通常是暫時的，也是相對的。運動方面的生活現實，通常也是在不斷努力、「不斷緊張」的情況中存在著。

希望調和是絕對性的，並且嚐試將調和的瞬間永遠化，是註定要失敗的。這種追求完全性的癖好，其實是無法適應現實的一種執意破壞現實的反應。不僅無法將絕對予與理由化，更會破壞現實的不完全的人際關係。企求絕對的愛，到結局只有「死」。「如果二人被絕對的熱情所吞噬，那麼自由的內在必定墮落，此時除了死亡之外二人已無解決之道。這正與華格納所著的歌劇『崔斯坦與易梭德』的神話相一致，因為要求絕對的對方，這對戀人早已與死無異。他們是因為太無聊才死的」。

活生生自由活動的人，應該是恐懼於對靜止的夢想執著。這種如散文般絕望的現實，與女性「內在」世界退屈的生活有著深深的關聯。幻想是人的本性，當幻想被神話化或是絕對化時就會產生問題，並且加倍災情的嚴重性。靜止的生存是沉滯，也是自由的死亡。如果扼殺自己的自由而希望得到永遠的幸福，無異是無視於現實的狀況和背向自由的安逸衝動而已。

被愛的幻想

對一個自認為毫無價值的女性來說，和男性的結合就是最有價值的一件事。女性為了自我的存在而希望得到男性的中意。事實上，在戀愛的男人眼光中女性發現了自己的存在。「透過戀愛、透過女人的臉、肉體的曲線，讓人想起幼時，古老的眼淚、衣著、習慣，將這個世界的女人和人人所屬的世界，從偶然性中脫離出來，變成必要的。」

被男人所希望的女人，在男人的持續關心中變成有價值的東西存在著。戀愛是一種魔法，這種魔法使得戀人在相互的眼光中看見自己獨一無二的個性。對女人而言，戀人的眼光所反映出來的自己的美貌和個性，令人陶然忘返。

但是，問題是這種幸福一定會立刻就過去。戀愛所帶來的陶醉是不可能持續的。具體而言，戀情會依男人的變心而終結。「當戀愛的傲慢從陶醉中甦醒時。

會感到不在的空虛，不安的苦惱開始襲擊而至」。這種將自己的命運操之在對方手中的劣勢，是女性苦惱的開始。

女人的生涯是在「等待」的時間中形成的，女人最恐懼的不外乎是遭到男人的「拋棄」。由於「從戀愛中充滿希望的女人變成『墜落肉體的』女人」是足以令女人痛苦一生的。被戀愛的男人捨棄的女人又變成無。亦即如果女人自身具有存在的意念，即使失戀也並不意味著完全存在感的喪失。失態也許會帶來好多年的心痛，但是，卻可在女性自存的觀念下變成「與其破壞他的人生，不如留下美麗的哀愁」回憶著。

不論如何，愛是女人一生的幻想應該要破滅。一是愛的本身是會結束的，二是男人也無法幫助女人的自我存在的事實。自我存在的建立除了靠自己以外別無他法了。即使是戀或愛都無法拯救人，在戀愛的魔法中，男性意識所浮現的幻想會暫時給予女人存在的感覺。但是，這種存在是幻影，因為單單只是愛並無法證明自己的存在。

偷偷的打算

女人對膚淺的愛是無法滿足的。波娃認為愛是女性唯一的主動性的發揮。由於在其他方面無法發揮燃燒的熱情，於是以愛為唯一的賭注。她們向擁有價值存在的男性「獻身」，並企求能與他們共同參與存在和加入世界的一角。這時候女性所行使的行為是獻身和自我放棄。男性以愛為牽連和女性合而為一，並成為女人獲得世界價值的媒介。亦即透過男性的「神」使女性體驗到存在的世界。

波娃認為「戀愛之所以是女人最高的幸福，是由於男性將女性視為他的一部分。當他說『我們』時，此刻的他與她是一心一體的。於是女性為了追求和他共同分享的快樂而放棄了自己。」

當愛的幻想是處於被動狀態時，愛被認為是以無常的面目存在著，而這種認知實際上和現實是相去不遠的。愛通常都是伴隨著高揚的熱情和幻想。但是，波娃認為當愛的幻想強化了宗教的確信而脫離了幻想的範圍時，此時已變成了「自我欺瞞」。

為何如此說呢？女人將男性當作神而將自己的自由奉獻給男人，其目的是為了放棄因爭取自由所帶來的重荷，並且期望以自己的犧牲來交換男性因付出勞苦而換得的成果。

就如前所曾提到過的，獻身的行為常是「容易模稜兩可」被混淆的。波娃認為，暗自打算要交換何種要求的獻身和自由的贈與是有所區分的。然而會作自由贈與的人也只有自由的人而已。對不自由的人而言，縱然獻身也不可能是真正的獻身。所以，對於不自由的女人來說，獻身是必定要追求代償（補償）的。

女性所作的讓自己消滅的夢，「實際上是希望自己自由的意志，也同時存在的夢想。有如宗教中的信徒對神的崇敬和信仰一般，將自身渴望被救濟的心溶為一體，並將自己的心完全委身於偶像中，企求得以平安或得到自己想要的東西。而女人就如信徒般期望自己的所有和世界的所有都能由偶像所付給」。女人的欺瞞便是因為這種自私的交換要求＝暗自偷偷的自我打算的意識所產生的。

自由的破壞

根據波娃的理論，這種因愛而得救的幻想，並無法持續長久。因為，人無法拯救他人的存在。以男人來說「即使是為了崇拜的女性，這個事實也無法被正當

女權運動示威運動

化」。只有自己才能拯救自己的存在。女人不論是如何的獻身也不能以此為由而盜取他人的自由。

戀愛中的女人尤其容易對此產生誤解，她們常會有將他人和自己的分別境界加以消滅，以便佔用或分享他人的東西的想法。而這些戀愛中的女人，有時是企求在戀愛中證明自身的存在，但相反的，卻反而在其中迷失了自我。「以自戀主義的崇高化作為出發點，企求利用獻身的痛苦和喜悅來完成戀愛的奇蹟。有時，甚至到了自虐的地步」。試圖將他人和自己的境界消滅，其實，是將自身的自由加以破壞，同時更將對方的自由加以破壞。

即原本是贈與的理想變成要求的觀念，

不僅是戀愛中獻身的女人，就連獻身的母親也是具有共通的理論。而這點使得「女人變成令人嫌惡的討厭者」。女性在基本上也是矛盾的。基本上女性之所以將「自我超越託付給男性」就是因為男性具備了女人所未有的自由超越，且在此前提下女性之作為做男性最初的要求。然而當女人獻身之後，男人的自我反而變成囚人失去了自由。女人在此情況下引發了「雙重不可能的要求」矛盾情結。

戀愛中的女子由於自我的欺瞞而放棄了自我主體，並且將對方予以偶像化，不肯接受真實的一面。正如男人所製造的女人神話——一般男人忽略了女人的真實「存在」。而女人也同樣忽略了男人真實的存在，將其偶像化。在這種情況下男與女之間的友情無法成立。

因此，「對於戀人，我們不能以一般常人的反應來判定他們的行為」，亦即戀人是「當不再崇拜時，原先被崇拜者有可能被一腳踢的遠遠的。」

從愛的神話中解放

當愛的夢想被毀壞時，如果仍然執拗於夢的女人——偏執狂的女人——是有可能變成「精神病患」。不偏執的女人通常都會「死心」，爾後將它轉化成詩或散文的型式出現。有些男人認為「這個女人雖不是必要的。但是，有用這不是已經足夠了嗎？」詩的觀點和功利的觀點在交戰著。所以，男女的關係沒有夢也是有可能以「有用的」夫婦關係成立。例如，男人賺取生活費，女人成為能幹的管家婆，即使是斷絕了精神源泉似乎也毫無關係？「有用的」成為社會的中心價值又有何不對呢？

其實在此情況下，男女之間如果要有自由和夢的存在是很稀罕的。所以，女人靠著自身的能力生活，是使得將來擁有自由和夢想的可能的一個重大關鍵。亦即女人從自己的愛的幻想中得到解放，在愛的名義下的自我欺瞞得到解放。

波娃認為這就是成長為成熟人格的重大時刻，並且是自由和夢想相關聯的重要轉捩點。「女性不是弱者，而是強者。不是逃避自己而是發現自己；不是放棄自己而是確立了自己。直到真正的愛出現的那一天，女人的戀愛就會變得和男性相同，成為生命的泉源而不是致命的危險」。

愛，本身真正的意味實現時，是由於女人從愛的神話解放的同時。愛在女人所背負著女性自由的主體性實現情況下，是可以開花結果的。德國的詩人喜拉（一七五九～一八〇五年）說「美是自由的女兒」，相反的並不成立。感情的美是精神自由的結果，「真正的愛是雙方互相認定對方的自由。相互經驗著對方的他者性，相互不放棄自我超越，相互在世界發現價值與目的。對兩人而言，戀愛是自己給自我的啟示，也是使世界豐富的行為。」

『晚年』

西蒙波娃的人類論

晚年後的「老」是每個人在未來所必經之路。但是，大部分的人都不願意對未來悽慘的狀況多加以思考。波娃認為，由此可以從中看出，人類對未來的不安極力想加以逃避的人類「自我欺瞞」。尤其女人更是如此。

「在自我欺瞞的人生意義中，人在不知不覺中決定了未來發展的事物。如果不知自己是何人，自己的一生所為何來在做何事？則屆至年老，不論是男人或女人都無法承擔人類的生涯所帶來的後果，而這也就是我們必須面對年老的原因。」

她以佛陀作為例子加以說明。當佛陀初出宮殿之時也是他第一次看到年老而可憐無依的老人。「他們的身體是不自由的，牙齒脫落，皮膚滿是皺紋，頭髮禿了，腰也彎曲了。必須靠著拐杖行動，全身因害怕而顫抖」。和「一般的常人並不相同」這位太子大叫著，並且說「何其不幸呀！我們無知的存在著，並且陶醉在年輕所持有的傲慢中，而不知老為何物！家有何用？娛樂有何用？對我而言那只是年老時能有棲身的一個地方罷了」。

在年輕時就能看到凋落的未來，才是對人生有全然的體驗。也才是沒有欺瞞的見解。波娃認為，對真實的人生來說，欺瞞早該被摘除。「晚年」是必然而不能避免的結果。而令人驚訝的是，看來似乎是平常無意義的主題「晚年」，竟成為她對人類論最終的註解。

波娃在女性論中所談論的是，女性因為是女性而如何被人類排除在外。另對「晚年」中所要探討的是，人類因「晚年」的緣故而被排除在外這點。從這點來看，其實女性和老人是具有共通點的——除了少數的例子之外——

從社會的第一地位被放逐下來，在發言權和收入方面，無論是老人和女人都無法和壯年的男人相比較，而被放置於較低的地位。老人和女人被認為是具有「低價值」存在的人，即多餘者或剩餘者。

從這裏我們再度看見波娃的「私生兒性」的思想。私生兒的存在價值是處於半受肯定半受否定的狀態下。他的存在並非是由自身的存在來決定，而是受到保護他的人來決定——有時是父母，有時是公共機關或是國家，由於偶然的緣故，使得私生兒和老人與女人相同，具有不安定的宿命。而在這種「晚年」的不安定情況中，人是如何的被排擠在外？又是如何的去克服這點？這些均是波娃所要探討的老人主題。

女性，私生兒和老人都是被社會烙上無價值者烙印的人。因此，要如何去創造自己所認定的有價值的人生呢？波娃將從兩方面來討論。《晚年》的第一部是以外部的觀點，即「科學、歷史、社會的對象」來剖析老人，第二部是以內部的觀點「他是如何生存在晚年中」來解析。

(1)外部的觀點

謀求「徹底的變革」

在此將老人以「科學、歷史、社會的對象」方向進行解析，亦即「從外面」來敘述。人的老化和動物的老化有相當的差異，不單是生物的次元問題而已。

波娃認為「人的老化現象經常會出現在社會中，而社會的性質則因為此人在社會中所佔的地位而深受左右」。人類社會中對孩子的保護和培育與動物是相同的，但是對老人的保護，對老人的尊敬則是其他動物所作不到的。其次，年輕人要如何和老人發生關聯是文化的問題。

波娃說，如果單單將老人視為「廢物」和「垃圾」來對待，則充分顯示了「文明的挫敗」。對她而言所謂老人的「解放」，不僅是年金的保證和設施的建立而已。最重要的是要將老人當作一個人來看待。波娃的結論是謀求「徹底的變革」包含了體制全體的變革。

生物學上的老化

對「老」的研究一直至二十世紀才採用生物學來加以研究。而這種醫學的進步使得人類的平均壽命有延長的趨勢。全世界老人所佔的比例有明顯的增加，故對此研究有其必要性。

「老」是每個人必經的過程，然而「老化」的程度對個人而言則有顯著的差異。波娃引用了美國老年學者霍威爾的話「衰退老化，對個人而言並非以同樣的速度下降。有些人比其他人更容易老化」。

關於記憶力波娃作了如下的統計：「不論是誰到了高齡的記憶力都會衰退，

從事工作的人比不從事工作的人衰退少，而熟練的勞動者比不熟練的勞動者衰退少。工作的人比退休的人衰退少」，在運動界中靠著「豐富的經驗和技術，而正確的了解自己的身體，長久加以鍛鍊和保持者」能處於良好狀態減緩老化程度的事實已被加以證實，而這些保持者在五〇和六〇年代都曾是國際級的選手。

其實，從另一方面看來，「老」似乎是「不可逃避且無法反抗的現象」。

「從某個時期來看，所有個人的機能都有低下的現象。然而如果被稱為『美麗的老年』或『豐潤的老年』，其意味著高齡者在肉體和精神已尋求出一個均衡的狀態。並非是肉體、記憶力、精神運動的適應能力與年輕者相同之意」。

波娃認為「生理的老化」是「誕生、成長、死均同樣是人生過程的內在」，「和死同樣，各有機體是從最初的出發點開始，再對自我的成就作不可避免的終結，而老也是其中之一種」。

未開社會的老人

未開社會的成人和老人的關係是相當嚴苛的。由於成人是經常曝露在危險中去討生活，因此，老人被認為是「浪費糧食和沉重的負擔」。「尤其是貧窮的種族中遷移的種族，殺嬰兒或殺老人的事時有所聞。而不殺嬰兒而殺老人的習慣更是習慣的存在者。但是，相反的之所以不殺嬰兒的原因是因為其比有如廢物般的老人更具優性」。因此，波娃舉了一個日本有名的例子《楢山節考》來作例子，其中所描述的就是「在日本一極偏僻的地方，村中生活極貧，於是為了生存不得不犧牲老人的習俗。當老人到達某一歲數就被自己的子女揹往『死山』而遺棄的故事」。

但是，老人一方面仍是受人尊敬和恐懼的。跟女性的情況相同，老人的「他者」具有其兩義性。老人被認為是依實際的「經驗，而累積了知識」。所以老人中的咒術師和祭司尤其令人害怕。波娃對老人的兩義性敘述如下。

「老人是亞＝人，也是超＝人。他們的手足在不自由和不管用的同時，仍舊是『超自然和人』之間的仲介者，尤其是咒術師和祭司。他們超越人的境界或在其下，並且兼具兩者的特性。」

這種兩義性表現得最極端的例子是，未開化社會首長所遭遇的情況。當首長以健康的狀況存在時，「會被以『神性』的化身而崇拜」，「但當他的身體開始衰敗時，基於神性同在的有效性，一出現生病、衰弱、無能力的最初徵候時就會被殺。」因為首長如果是自然死，「神會和他一同衰敗而死，則世界會滅亡」。相反的「在力盛時將之殺害，首長的後繼者會得到充足的靈魂」。所以，老人的兩義性是由健康和哀老差距所帶來的情況。

老人之所以輪落到悲慘的命運，是由於他在成人時使用橫暴行為所造成的結果。例：作為首領的猿猴在老年時命運尤其悲慘。是由於「它在年輕時獨佔了所有的母猴，並對年幼的猴子施予暴政」的結果。對於未開化民族來說，這種情況尤盛。當孩子時代曾被虐待而長大的人，在其成人後多半會虐待年老的雙親。「糧食的窮乏，和文化水準的低落，使得家長們嚴苛的對待孩子，並對雙親產生憎惡，對老人而言這是一個對老人不良的時代」波娃如此表示著。

但相反的，另一種情形卻同時的成立，「在貧窮落後的未開化種族中也有不殺害老人的」。雖然是在嚴苛的環境中，有些種族對待孩子與老人仍是相當禮遇的。尤其對老人更是尊敬。即「經濟和親情之間取得了幸福的平衡點」的種族也是存在的。在相同的經濟水準下，卻有不同的文化差異，確實是件有趣的事。

波娃說：「在孩子時期所受到的待遇，對其日後性格的發展有其深遠而重大的影響。當食物、庇護和愛情不足時，孩子會在怨恨、恐怖和憎恨中成長，當長大成人時即轉變成攻擊行為來對待他人。」

像這樣的情況，所顯示出來的是老人和孩子均站在弱者＝他者的立場。然而縱然能夠偶然的站在高位，但由前可知的是「老人的社會地位絕對不是由自己獲得，而是被賦與的」。

老人由於是「非生產者」故被認為具有「無法避免的宿命」。其實，社會對待老人的態度是相當「多樣化」的。於是「有的被殺，有的被遺棄，有的僅被供給最小的生存條件，有的得到快適的晚年保證」。但是，尤其在「資源不十分充分的農耕或遊牧社會，最常見的選擇就是犧牲老人」。

經濟發展的富裕，緩和了老人所需面對的嚴苛命運。但未開化人所展現的赤裸裸的成人和老人的關係，正是一個值得探討的文化問題，並且是永久的課題。

老人與女性的不同

接著波娃又說「歷史上的社會對老人所採取的態度，和這個社會對老人所塑造的形象」並不佳。

老人和女人同是社會的他者，但在程度中似乎較女性來得嚴重。當老人的能力喪失時「會比女性更徹底、更純粹的被客體化。亦即既不能交換貨幣，又非生殖者、也非生產者，更非多餘者時」只有淪落悲慘的命運中。

女性或孩子雖不為社會認同為社會中的一份子，但從有用性的觀點來看，對社會而言是「必要的資材」。美麗和可愛是「有用」的，雖然是沒有自由的存在於社會中，但單就事物的存在而言，卻有其必要而不可欠缺的特性。即作為物的有用。而老人卻連有用性的王牌都沒有。

因此，當女性衰老時所需面臨的是二度的失去立場。「女性的生涯是以色情為對象時，當變得年老、醜陋時，將喪失她在社會中原本被分配的角色與立場。她甚至會被如怪物般的醜化，嫌惡，甚至引起恐怖。」

中國的老人

根據波娃對中國的研究，中國是「給予老人無比崇高地位與特權境遇」的國家，而這些是源自於歷史的原因。「中國的文明在好幾世紀時就默默地形成嚴格的階級制度」，亦即緣由於密集農業和地理的經濟條件的關係，「農業密集中經驗是比勞力更重要的東西」。在行政組織上，「這種接位階級的責任會隨著年齡而增大，在上位者多必然是年長者。同時這位年長者也反映出他在家庭地位所佔的高低」。並且「超越了家族的境界，尊敬一切的年長者」。因此，中國的老人本身並不會遭到嫌惡，而是被認為達到人性最高完成階段，這點確實是令人特別值得注目的事實。

波娃引用了孔子的話如下：「吾十有五而學志、三十而立、四十而不惑、五十而知天命、六十而耳順、七十而從心所欲不踰矩」。但是，像這種長壽老人所受到的神聖讚美卻不多，因為當時的長命者並不多。雖然在中國，年輕的人常因被年長者壓制而感到辛苦，但是「受到像這樣的待遇而為老人帶來災厄的情況並不多」。

西歐的老人

在西歐的老人所呈現出來的形象和中國的老人並不相同，首先，西歐的老人不會像中國的老人無條件的受到讚美。第二點，西歐的年輕人也不會像中國的年輕人對年長者無條件的屈服和順從。西歐的老人和年輕人的關係，就有如神話般的是世代的戰鬥——父親和兒子之間令人不可置信的產生鬥爭的情況。

西歐所賦與老人的社會地位，並非是無條件的絕對專橫，和不可比擬。因此老人以種種不同的相貌呈現在西歐社會中。而相同的成人和老人的關係也呈現出種種不同而戲劇性的面貌。

在西歐，當社會秩序是呈現安定的情況下，老人所具有的權力有其老年所具有的價值。但是當社會是處在「變化、擴張、不安定的革命時期，老年人就失去了有用的價值，並且也喪失了在政治上所被分配的角色」。亦即當世界是處在紛亂的亂世中，弱肉強食的時代，我必須依賴力量所保障的時代時，老人的存在，可說是變得可有可無了。波娃這樣的認為。

例如：在封建社會的情況下，領土是靠著刀劍的力量被守護著，作臣子的或作人民的，都使用自己的力量和刀劍來服伺主人。於是在這種社會中，老人的狀況就可明白的顯示是「極端的不利」。在這個時期掌握世界主導權，和扮演救世主般主角的人，則通常是那些「年輕力盛的壯年男人」，比較起來老人的力量就相當薄弱了。而描繪那時期的莎士比亞有名文學代表作《李爾王》，就是典型的例子。

就像文學作品中所要表達的「繼承者對於喪失所有權的傳承者，往往給予極其嚴苛的待遇」，然而就像是「廣泛會進行的事實一般」，這種習慣已經使得西歐社會形成世代相傳的一種風氣。對他們而言，早已習以為常而不覺得有任何的不道德。

比較起來，西歐的老人較中國的老人來得不受歡迎，而且不易受到良好的對待。也許中國的儒、道思想是在無形中賦與中國人應該對老人更寬容的力量。

在西歐，老人並不像中國的情況賦與老者無上的形象。其實老人在某方面是進步的，但是在某方面是退步的。波娃認為老人的「老齡在大多數古代都市國家（具有古文化的國家）是被委任予資格的象徵。但是，對於個人身上所起的老化現象並未受到喜愛。對於這點詩人就證明了此點」。對希臘人而言，青春而壯碩的肉體才是一種價值，而「衰老卻被認為是比死更可怕的災厄」。

同樣是希臘人，對肉體的價值思考，柏拉圖和亞里斯多德就相當顯著的不同和有趣之處。柏拉圖認為人類的真實是「存在於不死的靈魂，而非肉體」。「即使年齡衰頹也不會對靈魂有絲毫影響」。而「肉體的慾望和活力的衰退會使得魂魄變得更自由」的結論。使他認為「老人政治」才是最理想的。

而亞里斯多德就認為「靈魂不是純粹的知性……而是和肉體有必然的連結關

係」。他認為「肉體的疾病會對個人產生全面的影響」，因此，「老年人為了保持幸福必須使肉體無傷與健康」。他還說「人會進步到五十歲」，但到此年齡之後「肉體的凋落會招來人格全面的凋落」。即「精神和肉體都會趨於老化」，所以「高齡的人要遠離權力」。在他的結論中「老」就代表「陰森」。

年老會被遺忘

基督教的神是以三位一體——父、子、聖靈來表現。而為中心的經常是子＝基督。而這也就是「基督教被稱為基督的宗教原因」。為子的基督是在「盛年時被處死的」，這點著實引人注目。而這點正是受到中世紀的觀念「年輕者優位」主張的影響所產生的，波娃如此認為。

「『父』和『聖靈』只是影子。望彌撒中『為父的神』的聖祭已變成人『磔刑』的表現而已」。「在許多的人物圖像中，將基督的幼年時代和……，以『聖家族』為主題。這種耶穌所表現的生涯，將幼年時代、青年時代、成年時代加以聖化。而遺忘了老年時代」。

文藝復興時期的老人

在文藝復興時期新一代的富裕階級被構成，他們「貯藏了商品或貨幣」。這種變化使得富裕階級的老人「境涯獲得修正」。即「財富的蓄積使他們變得強而有力」和「被關心」。

但老人的形象在當時仍是處於惡質狀態。「義大利的文人和英國的文人，就曾經惡意的將有錢的老人為了俏麗的姑娘，而以財富作手段的取笑文章」。這種對老太婆和老人極端的醜化較以前猶有過之。

「文藝復興時代將美麗的肉體加以稱揚，女性甚至也因此而被拉至雲端。然而對老人的嫌惡和老太婆的惡意批判都極為嚴苛」。於是令人有感「中年過後的女人令人嫌惡」的話語。而這點可以從有名的魔女迫害的事實中看出。

蒙田的態度

波娃說，在文學家中只有蒙田（Michel de Montaigne，一五三三～九二年，法國散文家）對老人沒有時下一般人的偏見。「蒙田拒絕愚弄和讚揚老人」。並且也避免犯下對老人讚美和看扁的矛盾。他在三十五歲過後曾寫下如下的一些話：

「以我自己來看，過了這個年齡，與其說是肉體和精神的增加，不如說是減退，與其說是前進不如說是後退。縱然善於巧妙利用時間的人，會隨著年齡而使學問和經驗更加豐富。但是，活潑、敏捷、健壯、其他等，諸如許多自身的更重要、更本質的特性卻萎縮、衰弱了」。又「在長久的歲月中，我也變老了。至於是否變得更聰明這點來看，似乎是毫無進展。雖然我現在和年輕時是有顯著的不同，然而究竟是何者優秀則無法比較。」並且「年老的人要是沒有酸和發霉的氣味也是挺稀罕的」。他如此寫著。

蒙田以不欺瞞的態度來面對自己的年老事實。是令人最敬佩的一點。然而波娃說：「我所感歎的是他將諸機能的毀損拒絕是進步，將歲月的累積拒絕是豐饒的象徵。」蒙田的態度是毫不保留的將老年所帶來的虛假加以丟棄。唯一保留下來的是「對自身的嚴苛要求」沒有衰退。波娃如此認為。

「在他對自身感到衰退的時刻，即是他最偉大的時刻。但是，也許就是對自我的嚴苛使他達到偉大的成就。因為容易自我滿足的人，會使自己變得膚淺。而年老的蒙田之所以能使自己進步的原因，就是因為他知道世界和自身對自我的批判已經越來越嚴苛」。

莎士比亞的看法

莎士比亞以老人為主題寫了一部偉大的作品——《李爾王》。「他透過老人的不安，將實存的毫無條理的可怕完全表現出來」。若要說蒙田是以「摒棄老人的自我欺瞞」為主題，則李爾王則恰好是其反對的人物。

「身為國王的他，早已習慣聽取極端的讚美言詞，所以容易被追從的人所欺瞞」，因此，他年老後最喜歡聽取巧言令色小人的言詞，排斥忠心耿直的屬下。他的性格是「偏狹、專制且頑固」，他的「迷妄」程度到了瘋狂的地步。他對「現實無法適應」，最後處於悲劇般的遺棄狀態，而致發狂的地步。但是，他在錯亂狀態中才醒悟了真實的所在，只是為時已晚罷了。

莎士比亞

波娃認為莎氏「以老人的悲劇說明了毫無益處的受難的無意義。人的生存終點如果是處在錯亂而無力的狀態下，則人生所經歷的悽慘和冒險會受到照明般得到啟示。」

這也是一種老人的姿勢，「他所帶動的是盲目的情念」。莎氏以「被野心、嫉妒、怨恨所俘虜的人」和「被年齡的命運所壓扁的人」來描繪這個人間。他以「年老而不賢明的迷妄老人」來說明老人的黑暗面。對「被社會切離和放逐的老人」展開的描寫。

今日的老人問題

十八世紀是人類崇尚自由、平等精神的時代。而這種精神促使「同胞的概念逐漸地被擴大起來」。這是由於原本「文明化的領土」對「野蠻人」、「孩子」、「老人」逐漸的產生包容而擴大開來。而這種觀念似乎也因為「國家的認同，所有的人都有生存的權利」而擴大。因此，社會中貧困的人民或悲慘的老人們的命運，也都因為觀念的開放而得到緩和與救濟。而社會中的人正加速且積極的朝這個方向前進。

由於技術的進步，使得「物質生活……得到舒適，並減少了工作所帶來的壓力和疲勞」。隨之而來的是對「知性、經驗的各種資源」要求，「勞力密集的體力型需求」正逐漸的在減少中。並且由於「人的活動期被延長」，故而使得老人的肉體條件不像以前一般的不利。

財富的累積，使得老人的角色很明確的被意識到。有錢時，家庭因父子相傳的原因而累積了財富。因此，家庭變成是「資本主義的基礎的同時，也是使資產階級個人主義開花的國家基礎」。則此時「年老的家長依然是財產的保有者，並享受著因為經濟所帶來的威信」。財富的蓄積和老齡成正比。

但是，在此上升的老人形象中，衰退的老人則被鮮明的反映出來。在進步的世界中「有些老人無法隨著世界的發展行進，於是此後變得殘廢、孤獨，或將自己封閉起來，被世人遠遠的放逐」，而變成「異邦人」的孤獨命運。

十九世紀的特徵，人口的增加伴隨著老人人口的增加。在文學上終於有貧窮困乏的老人登場。而這個時期也是貧困老人和有特權的老人相互對照較其他年代更嚴重的時期。

產業革命時期一方面使得富裕老人的存在變成可能，但另一方面，實際上的「人為資源正以難以相信的浪費付出代價。……勞動者面臨早死的生存年齡，而殘留下來的存活者，卻因年老而無法被雇用，於是漸漸的陷入貧窮」。這些老人除了賴孩子奉養為生之外別無他法。然而孩子也因處於「貧窮的邊緣」，而怠忽了供養的義務。

二十世紀的特徵是家族的解體，並且是「家長中心家庭」崩解的結果，社會代替家庭在「不能不照顧老人」的老人福利下照料老人。由於科技的進步，老人存在於極其有利的老人立場下。然而「因為今日的技術主義的社會，並非以歲月所累積的知識來形成的，因此，老人淪為時代的落伍者」。

其實，如果僅是捨棄了今日的機械文明，仍無法使老人的悲劇消失。今日的問題其實是在於除了成人對老人的問題外，更有特權老人和貧困老人的對立，波娃如此認為。老人的概念是充滿矛盾的——亦即「一方是尊敬，而另一方面卻是輕蔑」——像這樣的理由，則形成階級對立的情況。支配階級「老齡者支配著一切並有重大的影響，老齡對他而言是一種價值」，而相反的，貧困的老人則被視為無價值更常遭到忽視。

⑵內部的觀點

老化

這裏所要探討的是老人「要如何與老共存」的主題。對波娃而言，老所代表的不外乎是「投企意志的衰退」。因為唯有不斷的投企與追求才能尋求自我的存在。而這點正是她的自由哲學。但是，肉體的衰敗卻阻礙了投企的行為。對成人而言肉體是達到投企行為的一個手段，當作為手段的肉體衰敗時，有些實行的計劃與期待都會受到阻礙。而老人所需面對的悲劇正是如此。

投企的衰敗使得世界變得貧窮。對波娃而言，個人的衰敗與世界主體的「投企」是有所關聯的。

「世界因為會投企之光照耀而受到啟示……。而我們因『老』而放棄了所有的活動，然而這種行為使得宇宙變得荒涼，世界變得不毛」。「當我們的熱情不再，變得毫無生氣，或周圍也變得空虛時，則喪失了行動的慾望」。

衰老是一種惡性循環。肉體的衰敗＝投企的衰敗，會使得世界貧乏與空虛，甚至減退了好奇心。這種結果，不僅使老人喪失了對世界的關心，更喪失了投企的熱情。像這樣的喪失生存意志的老人，此時不光是具有肉體的死亡意義，更代表主觀的死亡意義，亦即接近精神的死亡。肉體衰敗的結果，使得「轟轟烈烈的熱情」不再成為可能，「無法投企的心」為老人「間接」的招來死亡。然而雖生猶死的情形仍是有的。即「對好奇和熱情的衰退，使得世界變得荒涼」，於是「有如死去一般以事物的形態存在著，無欲，只是存在於空間之中」。

不斷的投企

那麼，對老人來說該如何去做一個行屍走肉的活死人呢？波娃回答只有不斷的投企而已。老人應該接受「肉體所帶來的壓力」，並與之不斷的奮鬥。她認為最重要的一點並非是投企的目的，而是投企的過程與行為。

她以海明威所著作的《老人與海》的故事來解釋她的觀念。在故事中的老漁夫，好不容易與大鯨搏鬥後終於釣上了這條鯨魚，但在拖到岸上的時候，這才發現魚肉早被鯊魚啃食殆盡。但是，老人所表現的並不氣餒，他說「男人的肉體雖然會被破壞，但男人的精神卻永不屈服」。

而波娃認為它所要表達的就是，在於「老人拒絕了和其他同輩一般過著無氣力的人生，而主張將勇氣、忍耐，所有的男性價值堅持到最後」的這點。

「不屈不撓」對老人而言是有其必要的。「所謂『安祥的晚年』絕非得來容易，而是不斷的累積各瞬間的勝利，和克服敗北的恥辱而得來的」。投企本身的熱情使得年輕人和老人具有共通點。投企的熱情「可以使人逃離自己的界限，不讓人走入人生的死巷，甚至甘冒危險來求生存」。因此，波娃斷言「問題的本身不在於年輕，而是恢復年輕的能力與活力」。

老人在面對宿命的挑戰時，振興鼓舞的態度是對抗挑戰的一大因素。亦即「在許多情況中，肉體所造成的壓力，並不比因人的態度所造成的壓力來得大」。問題是，主體的姿勢和投企的熱情所帶來的動力。

這種熱情的一生持續與否。壯年時代的生活方式有很重大的關係。在壯年時代，如果不被頭銜、角色或價值所迷惑的人，則老年時就不容易有失墜的感覺。並且會為自己不必再忍受頭銜或角色所帶來的重責感到解放。另一方面，更可因不必再為利害關係而生活作不自由的活動，而獲得人際關係的解放。總而言之，即「年老會將人從幻影中解放出來」。

幼年期和青年期為了「人生的提升而生存」，到了中年期還是為了生活程度的提升和孩子的教育而必須督促自己前進。直到某日會突然發現自己似乎「除了墓場之外沒有任何地方可去」。

其實「向著某個目標前進的想法是一種錯覺」。有了這種領悟之後，「人在歷史洪流中的『無意義受難』的性格，會得到開悟」。並在接近人生的終點時，進而頓悟到人生各階段精心所描繪的目的都只是幻影。

但是，波娃認為在幻影的過程中還是有留下真實的部分。名聲和世間的成功均是幻影，但其中仍殘留著本來的物質。

波娃認為年老時「老人會對自己的作品產生懷疑」而這正是回歸了真實的本來性。這種懷疑的本性使得老年時期能完成畢生最高作品的例子更是所在多有。她例舉了畫家米開朗基羅和莫內為例。

使年老時仍舊持續著對世界的關心和投企的熱情的條件是，在壯年期的生活方式——不沉溺於幻影，保持自己的本來性。亦即不為利害關係所牽絆，建立真實的他者交流。

社會的罪惡

在過去「不管是那一個國家，或者是那個年代，讓老人了解人生意義的條件從未實現」。對現代的老人而言，雖然已有退休制度或福利政策，但大多數老人仍舊是不幸的。然而這是否是個人的責任？

波娃卻強調這是社會的責任，亦即將個人當作是「手段」是「道具」，用完即丟棄的社會所製造出來的「社會罪惡」。

「被強迫退職的老人，有些是過著相當絕望而無意義的生活。……因職業的強制解放，使他在自身的周圍只看到沙漠。然而這是由於他對以世界為目的、價值和生存的投企計劃並非真正獲得參與的緣故，而這正是社會的罪惡」。

社會縱然替老人建立了養老院，給老人生活的保證，然而它的罪惡仍是無法獲得補償。即「人在有系統的破壞下被犧牲了，而社會的補償仍不足以彌補這種虧欠」。「他的人生意義有關教養、關心事，責任等都會受到社會的重視」。「不僅是勞動工作，他在閒暇時也遭受到排外的緣故」。當他失去體力就成了必然的「廢物」和「垃圾」。這是只被當作是「資材」來處理的人，所能走的唯一末路。更是我們「文明全體的挫折」，確實是令人無奈又傷心。

消弭老人的不幸必須依靠社會全體，最主要是要將人的一生以人來對待。亦即「全體人類的觀念必須作修正，而人類相互的關係也要從根本加以變更」。

發現年老

要自覺自己已年老，對人類來說是有著種種的困難。何故？因為沒有任何一人會因為自己的年老而感到高興。因此，年老的自覺便常被排置於意識之外，並且以「和自己毫無關係的異質」去驅趕著。但是，卻在他人的眼中發現了事實。「年老與其說是由當事人自己去自覺，倒不如說是由周圍的人來發現」。

像這樣子的老人「無法獲得實感」（沙特）說。何故？「因為那是我們身體狀況內面性的發現」。所以，老的自覺常是「由他者所帶來的」。「我們的社會對於老年人，會由於習慣或他者的表示，匯聚成詞語而被指示出來」。

由他人的指示獲知自己已老的感覺是「驚愕」和「激憤」的。他們雖被貼上了分類的標籤，但內心卻無法同意，這種態度和青年變成成人的態度比較起來又大不同。青年的情況是「自己經過一個過渡期，而自覺某事。雖然身體的變化也會使他不安。但相反的老人卻因為無重大的肉體變化經驗，而無法自覺」。青年人變成人「滿足了他能成就某事」的想法。

而相反的，「老年者帶給壯年者的想法卻有如去勢般的幻象連結」。亦即老年代表著慾望的挫折，力量的減退，和性魅力的減退。因此，老人在接受它是「會有意或無意識的伴隨著嫌惡」。大多數的人都想抓住「永遠年輕的幻影」，但是，當幻影受到打擊時，大多數的人都會在自戀的心靈上受到損傷。而甚至更嚴重者，會引起憂鬱的精神病。

以上波娃的說法，但並不一定為所有人所接受。以病人的情況來說，就比別人提早自覺自己的衰老。另外，有很多一流的運動選手也多會在醜態畢露之前提早引退。還有美貌的女人比其他人都介意自己的美貌。所以，能預見衰老，而先提出對策的人，不是也大有人在嗎？

然而波娃的立場正如前所說的，老人也要不斷的投企＝不屈不撓。

有些人並不對抗年老，而是以「嫌惡的心情來對待年老甚而自暴自棄」。於是採取了對「老」誇大前進的心情。

「往往僅是腳有些不方便，就裝作全身殘廢；或有少許的重聽，就裝成都聽不見，使全身的機能降低下來。其實模仿身體的障礙者，實際就會變成所模仿的模樣」。「他因為被人丟棄而放棄了自己，並且拒絕作一點點的努力」。「因為沒人對他加以理會，因此，不久就變成躺在床上的狀態了」。

不能成為安慰的過去

老人和年輕人的不同點在於老人的未來是短暫的。年輕人的長遠未來和老人的短暫未來，在本質上有所差異，老人的未來被封閉。基本上老人所失去的是年輕人所具有的「不吝嗇的浪費自己，和無限的開闊時間」。年輕人的未來是「不確定的未來」，於是使之感覺「無限」。相對的老人的未來是「有限」的。老人並不像年輕人般得以允許自己對未來作無限可能的夢想。

其實年輕人的幸福夢想是錯覺，然而正因為不知是錯覺而對未來感到豐富，這種豐富的感覺使得夢想受到鼓舞而勇於嚐試。然而老人卻認知到「他的人生早已形成，不可能重來。於是對未來並沒有太多的可受到鼓舞的。為了生存他有限存在的比例被收縮了」。老人在自己的「單獨性無法得救的情況下被封閉」。人生是有限的感歎更確切的被意識到。

老人擁有很長的過去。難道優異的過去無法對老人產生安慰嗎？「過去難道沒有值得取悅的對象嗎？」波娃如此問著。

對於這個答案波娃認為是否定的。她說過去的一切絕對是難以捉摸的。亦即過去是在當時感覺到的新鮮，絕無法將之挑出來作二度體驗。想捕捉過去「我們越進入其中，越容易崩塌下來。因為從過去浮現出來的殘片大部分都是褪色的、冷凍的和有裂痕的」。無論對過去的認知到何種程度，「認知都無法使得過去再度重現」。過去實際的每一個生存點，「都是我們向未來躍進的現在，而同時也是未來的現在的殘骸」。「我們的人生逃避我們而去」。過去只不過是能加以「推測」而已。

波娃過去無法變成安慰的另一個理由是「一切的成功均含挫折」（參照自由論）。所有的投企都具有挫折的宿命，此即為她的自由論。所以，她認為過去的成功在永不斷的投企中早已不存在。

波娃認為不斷的投企和超越的緊張活動才是幸福的形態。亦即，如果現在是無為的，在無為中想要回憶出過去，是無法得到任何幸福安慰的。特別是「對自己現在狀態感到不滿的人」，「將自己的回憶找出來尋求支持，只不過是當作防衛自己的工具和武器罷了」。這種捕捉過去的情況會使現在「對自己的怨念更加浮現，對現在更加感歎」。人「透過現在的自己去認識過去」。其實，人只要確立了「現在的自己」，努力去企求，那麼，過去的成功也許會變成一股助力。問題是「現在的自己」在何方呢？

年齡的價值差距

波娃想法的特徵在於，她認為年齡並不能代表成熟。依黑格爾學派（Hegelian）所認定的。「過去的各瞬間包含在現在的各瞬間」，另老年是「不斷進步的最終階段」之類的觀念。對於這種想法波娃是持反對意見的。

她認為「老年並不是人生的『總和』。當人類在行使同一運動時，有時是隨著世界的漲潮和退潮起浮不定的，我們也許會有所知覺，也許全部忘記。我們所獲得的並非是豐饒的，有時甚至還有些破損」。

其實經過年齡所留下的還是有不成熟的人格，而為何說經過年齡會使人格變得豐饒呢？經由年齡的累積所殘留下來的，「是某種技術——而這種技術必須花費畢生的心血下去鑽研」。這種技術同時也「成功的彌補了衰敗的肉體」。只是對知的領域，年齡所帶來的是什麼呢？對於具體的事務我們也許早已忘記，所殘留下來的僅是「教養」而已，這就是學習的態度。

這種態度也就是「當我們有再度學習的機會時，再學的能力，處理事情的方式，犯錯的抵抗力，防止危險的智慧」。

會隨著年齡而豐富的其中一項是「總合的視野」。「這種觀察的經驗，……可以對是不是重要的明細作正確的評價，並且歸納各種不同事物相同的重點。對這些來說年輕人是無法辦得到的」。而這就是為何年老者所以被賦與重大的社會責任的理由。

像此，她認為是只有老人才具有的經驗，亦即「老人們自身的經驗」。換言之，更是人在考察和省思一生的經驗。

老人的第一個困境是，被社會的潮流遠遠的抛在後面。老人的經驗價值在「安定的社會」是一種財富。但是，在激動的社會中就可能被遠抛在後。老人用「古老的眼光」來審視新的世界，「他把新世界用他過去古老的尺度來掌握」，並加以理解。然而對不了解的事物則認為是不可解的東西。對於這個原因波娃認為是「個人的生成」和「社會的生成」之間的差異性問題。

在生物學時間和社會的時間中，如果社會的時間進展太快就會產生差距。老人如果用過去自己的青春時代來推論和理解，就會越有理解上的困難。因為年齡的累積使得老人對社會的新職業無法適應。

像這樣，由於「過去的重壓使他的腳步緩慢下來，或甚而麻痺。相反的則實踐新的世代＝逃離自己的惰性往前進」。這種過去的重壓對個人所產生的作用，則和人的職業有關聯。

作為科學家適當的年齡

波娃認為「科學家很少能在老年期發現稀罕的事物」，理由為何呢？這個理由和科學的性格有密切的關係。科學的性格是「普遍的」，有時需透過集團的運作來完成，可以說是集大成之特質。因此，科學家所發現的事物，常需透過過去的遺產加以「演化」而成。雖然對科學的全體性而言，個人的獨創僅是其中的一小部分，但卻往往形成關鍵。為何說青年期和中年期對一個科學家而言是有利的時期？波娃敘述如下：

「這個時期的學者，會對他們所擁有的專門知識加以精通，並利用新的視線捕捉其中的斷層和矛盾，而這些新見解正好解決現行面臨的窘狀，並使得科學所犯的錯誤，得以修正。他們有感於真理的存在而勇於表露新的成果」。

這種特質使得人類的科學日新月異，不斷的在前進。

對老的科學家而言，他們可能會因為過去的業績所束縛，有時「甚至會因為維護自己業績價值的失墜而和其他學說體系產生對立」。亦即「為了防衛自己落伍的思想，有時往往會毫不猶豫的對其他學說進行阻礙」。因為科學家的年齡如果超過五十歲，則對「新思想的適應力」的困難與日俱增。

作為哲學家適當的年齡

和「普遍性」的科學比較起來，哲學是一個相當「有個性」的學問。即科學是將「宇宙以外在性的敘述」，相對的哲學是以「自身作為主體進而掌握人與世界之間的關係」。一般來說「一個科學的存在，蘊藏了數個哲學的存在」。無論如何，哲學在基本上均是以人為主體，進而在「普遍中，創立了自己的見解」。因此，一個哲學家在受其他哲學影響後，依然是不具「普遍性」的。並且「不放棄以自己作為出發點」。「他們會對取得的資訊加以修正，增減，並堅持自己固有的思想」。

哲學家將自己獨特的「哲學的直觀」（柏格森，法國哲學家，一九二七年獲諾貝爾文學獎）作為基礎，構成單一的世界觀。哲學家的思想會「隨著年齡而豐饒」，但是，作為體系的基礎「獨創的直覺」，則只限於「青年期和中年期的經驗」。因為老年的哲學家很難從「根本的架構中再創造新的體系」。

作家適當的年齡

作家和哲學家均深深的了解「宇宙和人類全體之間的關係」，作家所產生的並不是一種「概念性」的東西，而是期望透過作品來探索全人類的想法。並希望將作品中想像的世界傳達「他的存在意義」。這種寫作的行動常必須靠著「激烈的熱情」和「堅強的精神力」來支持才得以持續。並且作家在書中所傳達的東西和熱烈的內容，其實是表達對現實的質疑和批判。

「寫作所投企的目的，是由於對人類所生存的世界想加以逃避和拒絕，並對人所產生的種種心靈的呼喚感到不安與緊張。作家和人群對立的同時，也是與他們同時存在。一般而論，這是相當困難的態度。」

然而現實對沒有任何批判與關心的人而言，是有如「水中的魚」一般舒適快活。在此情況下何來寫作之心。因此在書中，作家所要投企的是二起矛盾的要點——⑴對人類的告發，⑵想受到人類的認同。

人在年老時，承受各方的壓力會減退，忍耐緊張的「活力」會喪失。亦即在無氣力、無關心的侵襲下，老人所寫的書會陷入同主題的窠臼。因此，波娃說「年老的人最最不適合文學中的小說寫作」。

老人是「被斷絕向未來躍動的人」，這種情況使得故事中的主人有「再創造」的困難。但也有如下的例外。「年老的作家唯一的可能性是，堅定的抱持自己所投企的根，因此能在最後保有自己的風格」。

音樂家和畫家的適齡期

對於音樂家來說，雖然有像莫札特很早就表露其才能的，但是「對大部分的音樂家而言，越是晚年則越能有偉大的傑作」。然而，不僅是七十歲，甚至更晚年的作品都比年輕時來得優秀。這個理由波娃認為是「音樂家必須服從嚴格的拘束」的緣故。由於「所使用技術的普遍性格」和「音響世界的普遍性」，音樂家必須在精通所課以的規則後，才能得到「解放自己的程度」。就像貝多芬也是在對自己充滿信心後才有「不和諧音」的使用。「音樂家由於必須遵守諸規則（諸如音律、拍子……），因此，在青年期乃至中年期都無法擁有所謂的自由創作，所以，越屆老年等於所獲的自由就越多」。

畫家雖不像「音樂家要嚴格的服從規則，但仍必須克服所謂的專門技術，而這就有時間的必要性，所以，他所產生的傑作也多在晚年」。

畫家和音樂家的相同點在剛開始時都會受到前代的影響。「他們透過前世代的繪畫來看世界，並發現自己本身所必須花費的努力」。因此，畫家在晚年時漸漸的大膽，能從傳襲下來的風格中解脫，獲得更精湛的成績。

波娃認為舉凡是藝術家均是如此。「由於體認到死將至，會中斷自己的進步而繼續努力著，沒想到反而超越了原先的成就，於是更因喜悅而勇往前行。這些藝術家的思想和價值，受到的肯定常是令人讚歎的」。

政治家的適齡期

老年的政治家和其他職業比較起來更容易有代溝。在現實的時代中他的角色尤其不易存在。「政治家、知識分子和藝術家都是密切的依存他人。而知識分子和藝術家所使用的素材並非人本身，而是透過作品希望獲得認同。政治家是以具體的人為素材，他對人類的奉獻是他所欲利用他人而達到他的理想的手段，他的成功與失敗也常是操縱在他人手中，而他人的反應大部分是難以預測的」。

一個政治家到老年時會受到戲劇性的改變。「人為了成就自己的時代，於是大量的投企自己的理想、抱負與畢生的時間」。

邱吉爾

而政治家也是如此的，他為了生存的意義而活動，進而創造了歷史。但是「這種投企使得他的想法在無形中被封閉了起來。當後續的新生代也同樣為了自己的政治時代而努力，甚而創造一個新時代時，他就要下台」。因為他的理想已經在不知不覺中無法符合時代的潮流了。一個時代的理想會隨著時代的變遷而變動，而其意味著＝客觀的內容也跟著改變。

對於年老的政治家來說「要讓他從舊有的政治形態中脫離，不是一件容易的事。他透過過去的眼光來看現在的時事問題，因此，對於現在形勢的動態往往無法掌握和理解。由於對認知的不足使他無法施展有利的手段來鞏固有利的地位。因而使他的利害關係受到抑制」。

利害關係是建築在過去的地位權力和利益的寶座。然而「有很多的政治家在老年時會從光榮的寶座失墜」。曾經是一個時代英雄的指導，到晚年時常是無法跟上時代的彼彼皆是。

以政治家為例如，邱吉爾、甘地。又如法國英雄克里蒙梭他原本是崇尚共和主義者，但後來卻急速從極右改成極左的反動派。又如邱吉爾在戰爭時是能力很強的政治家，但當和平時代來臨時卻被看成無能者。甘地為了達成印度獨立的事業，所採取的宗教狂熱手段，到最後反而被殺害。

波娃認為，這些政治家在老年期所遇到的挫折是無法避免的。然而這些政治家是『歷史』展開不可或缺的因素，同時也因被抹煞而創造了歷史」。

人生的終結

老人在他人的眼中是「等死的人」和「等待執行中的死者」。而對老人本身來說又是如何去看待死亡的呢？

無論是誰都知道自己總有死亡的一天。從這個意味來看，老人們似乎都知道自己離死不遠。但是，「死」對自身來說果然是主觀而可理解的概念嗎？

波娃的答案是否定的。「因為死對人類來說是一種外側的境界。亦即對自己來說可能並未死亡，對他人來說可能早已死亡。而這種境界是無法被體認而認知的。這種死亡的知識是抽象的，一般的，外在性的。我們所能想像的僅是自己的屍體一動也不動被埋葬的形式，這種幻想帶來的是死的訊息如此而已。但人果真無外在生命跡象顯示時就代表死亡了嗎？實非是幻想可解的」。

因此，對死有主觀的認識理論是不可能的，再者，這種理論也無法以「接近死的理解」得以成立。老人自知自己將「不久於世」，然而事實上這種「不久於世」的概念，使老人在八十或七十歲時都同樣的生存在漠然的心態下。其實老人和所有人應該是同樣的——跟生命均有所關聯。

對老人而言，重要的不是他的年齡，而是生存的意志。從主觀的意義來看，接近死亡並不是因為高齡的緣故，而是喪失意志之時，由於「行動的不方便，企求的不成功」所形成的原因。波娃認為這個問題的要點在於，老人所求的並非是客觀的死＝由他人看來是主觀認定已死亡。她對這種行為作了一個註解即「對人生作一結束」。

亦即老人對自己的人生序幕表現，感覺遭受挫折所產生「希望死掉」或「接受死亡」的意味。人在人生中在無法行使自己所欲投企的行動和目標時，會產生「無為」的思想。亦即他們認為無為與死並沒有兩樣。

然而波娃認為死對老人而言並非是悲劇的其一理由。老人的近親和朋友也在日漸凋零中，這點使老人習慣看到死亡。這些朋友們的死亡「奪去了老人在人生中與他們相關連的一部分」。逐漸的，老人的內部形成「失落」與許多的空洞。嚴重的精神失落感，為老人帶來對死亡的期許。

實際上造成老人的痛苦的，與其說是對死的擔心，不如說是無法隨心所欲的行動與日益敗壞的健康。故而言之「老年期的死亡並不是最大的災難。而是對人生產生『結束』的決心」波娃如此總結著。

無聊與苦惱

為了生活拼命工作或自我解放，真能使人生獲得解放嗎？高齡本該是「播種後的收穫期」或「享受的季節」嗎？

其實這些都是「虛偽」的，波娃如此認為。為了享受閒暇所帶來的樂趣，必須要有健康的身體，充足的經濟力和對任何事物都熱衷的熱情。「今日的社會，……給老人的閒暇變成僅是避免貧困和窮乏而已。除此之外，脆弱的老人容易疲勞，或往往因患疾或痛苦而無法隨心所欲支配身體。……只有特權者，可以對欲求不滿的部分加以補足。但是，特權者是否對現有的享受仍感到滿足呢？著實令人疑惑。許多年老的作家常常抱怨著無聊和苦悶」。

老人如果只是預防避免於受到貧困和生病，還是不免會有無聊、退屈、倦怠的煩惱存在。因為老人們對事物的反應已不像年輕時一樣了——永遠伴隨著驚嘆和熱情的「共鳴聲」。「年輕時，世界充滿著意義和可能性，即使是一點點的事情也會引起無數的協和音。但是後來，就如同我們短暫的未來一樣，消失在狹窄的宇宙星空中」。於是老人只有「活生生」的接近死亡。

就如同波娃先前在自由論中所提到的，閒暇本身並不具備價值，只有活動性才是幸福的形態，靜止是生命的收縮。因此，從強制的勞動中獲得解放並不能成為自由。這是由於時間在不斷的新投企中被增加了色彩。否則時間只不過是無為和倦怠而已。

問題是老人在退休後，是否能再發現別的活動。其實稀罕的情形也存在的，「由於閒暇的緣故，以往被妨礙的企求都得以開花」。但是，大多數的退休者往往是過著「陰慘而無氣力」的命運。「唯一能受惠的老人是對多方面仍舊關心的老人。這種老人可以很容易的再次轉換自己的角色」。

對老人來說，困難的狀況除了無聊外，還有老人在失去角色的同時也失去了地位。具體的頭銜失去了，「成人會把他當作孩子般如同客體來對待」。「在生物學、經濟學、和社會的地位都在無形中被下降」。亦即老人的立場不論於公於私都不復當年。於是「對讓自己受到侷限的設限感到苦惱」。「退休者，尤其是高層階級人士，常會因無目標得以投企有感到苦惱」。

老人的苦惱源自於自己曾經是成人，如今卻因為是老人而縮小自己的地位，為此而感到適應的困難。由於喪失了在社會中的身份，使他對自己的定義產生混淆，甚至常感歎「自己為何？」的疑問。如果老人對「同化的危機」無法克服，常會使老人感到不知所措，甚至引發不同程度的精神官能症。

輕者，雖未致病，但終日「愁眉苦臉」。波娃引用了亞里斯多德的一句話來形容「他們也不知道什麼是笑容」。

習慣和佔有的固執

年老的衰敗對老人而言不僅是痛苦，更讓老人成為實際的危險。老人是被保護而存在的，而這意味著自己的生存高度的依存於他人。因此，也依他人的好意或任性而被動存在著。

「被動的生存者因為擔心的關係，只要行動與平常不同，女性的心就會被擔心所侵蝕。而老人也是同樣的，他們會對他人所行使的行為產生危險的念頭而苦惱」。假定現在的生活是安全的，但由於他人的任性，何時會崩潰則令人擔心。老人們害怕他們所得到的援助，並不是因為授援者對他們尊敬或愛護他們才行使的，而是在「慣性的道德風氣下不得不行使的行為」。所以，「老人對授援者所採取的依然是不信任的態度」。

老人對自己的不安感到無力於採取防衛的行動。他將自己設限在習慣的行為模式中，只要有人稍微作小小的更動，都會引起他病態的抵抗。他對外界的不可測的變化無法改變，只有採取漠然的態度來防衛他「最小限度的安全」。而一些無聊的習慣性行為，只是為了滿足老人們覺得每日應該進行例行行為的義務。

所以，只有從「過去、現在、未來」的共同行為模式中老人才能得到「時間的解放」。因此，老人離開了住慣了的住所，有時是意味著死亡。

「對自己習慣的執著，就是對自己所有物的關愛。我們所擁有的事物，也會凝固成一種習慣」。所有的老人都具有「保證存在論的安泰」性格，亦即「老人因為無法行使一些作為來證明自己的存在，於是需要佔有物作為證明」。而老人所「擁有的所有物」正是意味著老人擁有自身之意。

所有的物品和金錢，對於行動方便的人而言，是為了行動達到使自己存在的其中手段而已。但對於行動不方便的人而言，金錢和物則在此時被視為與自身存在相等的物質。而這點正好說明老人吝嗇的原因。因為讓物品消耗，讓金錢減少就等於是減弱自己的存在。老人與物和金錢的「魔術心理作用」使他們變成一心同體。

但是，所有的物和習慣都是曝露在危險中的。亦即老人認為他人「會將他的金錢偷偷拿走或強奪他的物品」。於是「吝嗇的偏執和神經病的形態」，使老人對他人產生猜疑，使他與他人的關係變得貧乏，甚至斷絕。

關閉和反抗

老人對外部世界的不信任和猜疑，甚者進而斷絕與他者往來。「他的外部世界無法抹煞，但卻可以做到減少與它的關係」他有意識的「充耳不聞」甚至不開口說話。老人的「自我中心主義，一點一滴的侵蝕他的心靈，助長他對周圍事物的不關心，同時他也有意識的培養著這種心情。這是防衛也是報復」。

老人和他人溝通的惡化，不單是使老人陷入無關心和冷淡中，更使老人產生怨恨，進而發展成敵意。「被他人無理由的迫害」如此感嘆著。如果他們還殘留著權力，勢必成為暴君濫用職權；如果他還有一點經濟力量，周圍的人即使有困境他也不會伸出援手；他會拒絕援助以便發洩怨氣。

老人的「老人性不良化」如果被概念化後，會對社會採取反動的行為。這和「青少年的不良化同樣，都是因為感到自己被排除在外而起因的」。故意保持不潔，甚而毫無目的徬徨，「肆意的糞尿失禁，往往是此意識所造成」。

波娃認為其實在老人特有的行動中含有「像英雄般的某種意念」。老人的偏執、吝嗇、陰險，其實是奮鬥的悲愴。將一個人的「健康、記憶、物質的手段、威信、權威、通通奪走之後，要成為一個人是十分困難的一件事」。因此，老人的努力看來雖是奇異，但卻可以說是有如「人以下的物質」「無力的客體」「昆蟲」般拼命的在拒絕死亡。

和年輕人的關係

老人和年輕人的關係是非常重要的。如果是老人和小孩與老人和成人之間的交流成立，則老人的心會保持均衡。特別是老人與小孩，祖孫之間的關係常會左右老人的幸福。

老人「和年輕的孩子接觸後會恢復他年輕的心思。家族關係以外的情況，對老人而言，年輕人的友情是貴重的。一旦有所交流後，這會使他感受到他現在生活的時代和他當年的年代相去不遠。喚醒他心中年輕的聲音與熱情，向未來無限相連結。而這也正是對付老年威脅和哀愁最好的防衛」。

但是「不幸的是，這種美好的關係是很稀少的。年輕和老年分處於二種不同的世界。兩者所能溝通的意思僅存在一點」。年輕人無法在老人中看到未來的自己，認為是無關自己的東西，於是忽視他（老人）的存在，輕蔑、嘲笑甚至放棄交流。而這是文明全體特質所產生的問題。

不執著於生命，以生命為賭注

老人從義務被解放出來，而開出人類最崇高的花朵。這種情況是很稀罕的。「被社會所拋棄的老人，接受了人的宿命並強制自己疏外於社會來逃避」。人喪失了頭銜變成身無一物時，有時會對自己的價值深感迷惑？喪失了頭銜之後是否還會留下真實的自我？

這個問題是老人最重要的一個問題。大部分的老人在喪失頭銜的同時，也會對自己為何者感到困惑。因此，會陷入「意氣沮喪」或要求外觀的榮譽。

但是，那些能不為喪失頭銜或被自己價值幻影所迷惑的老人，則不會喪失自己，他反而會因此而感受真正的解放。他們為自己不再被角色和頭銜而限制自己的自由感到喜悅。「這些都是在免除他們的偽善」。並因此感覺到「保存了自我的存在」。

當老人不為社會的捨棄而勇敢面對現存的一切時。表示他們「已不執著於生命，而以生命作賭注」。波娃說：「以虛弱的肉體，燃燒著對事物不屈不撓的熱情，是令人感動的」。

不斷的投企是否妥當

最後殘留著若干疑問。一為她不斷投企的哲學，對老人而言是否能完全解決老人的困境。第二是《第二性》中在接受社會責任的同時，對女性個人的責任採嚴格的態度，但對老人自身責任的態度卻偏激的提倡社會全體的改革。然而說不定是因為時代差距（代溝）造成的不同觀念也說不定。

成功的老人典型案例，她認為屆老年時傑出創作者是畫家和音樂家。但是，期待在晚年期有高成果的不僅是那些畫家和音樂家甚至科學家，有些老人別說高成果了。從一流到二流，而後隨著年齡二流到三流，四流……淪落的人生，而這些人又該如何生活下去或該如何快樂呢？這些才是大部分老人的實態。以畫家為例，達文西他在晚年已很少從事繪畫工作，只有在日光下從事著老人自畫像的素描。但是他的人生也是成功的。

到老年投企的活動幅度應該是會減少，但這並非意味著幸福的量就會減少。《老人與海》中的漁夫出遠洋釣魚，然而是否沒有巨大的魚，就沒有冒險的喜悅呢？小的冒險是否也能達到與大冒險相同份量的喜悅呢？要發現小投企和大投企同樣讓人喜悅的方法，才是最重要的不是嗎？

波娃所說不斷的投企，著重於投企過程的意義而非投企的結果。但是，關於老人投企的質，享受結果的方式都未加以討論。其實，小的投企如果比年輕時更用心去嚐試，那種成功的喜悅是得以擴大的。

達文西

對於波娃所說「不屈的老人」的理論並無任何異議。無論是誰，只要死面臨眼前都會「不屈」。所以，每個人都希望在「看不到能力逐漸衰退」的情況下，繼續維持著活動的心願。

但是，實際上與壯年時維持著

相同的活力而成功的老人是例外的老人，大部分的老人都難以避免的受到體力減退的煩惱，因此，除了延長失意的人生以外，其他人生的實情似乎也應加以探究。

一提到「不屈」就令人想到波娃對老年的衰敗雖然認為是不可免，但對這種勇敢的不斷抵抗精神卻認為是有價值的。縱然是挫折，但仍對努力的自體有所價值。但如果以如上的悲劇結果作為前提的投企，似乎並不適合老人。

老人所適合的應該是熟知自己的界限，以合乎自己的投企作為限制，並得以經驗幸福熱情的昂揚經驗。波娃的「不屈」看來並非是老人的實態。

波娃一方面說老年的投企是衰退的，又另一方面提倡不斷「不屈」的投企。但是，衰敗和「不屈」該如何連結卻交待不清楚。似乎除了悲劇的方式之外別無他法了。因此，如何將二者的斷層理念加以彌補，建立在自己不足的地方去獨創老年人的獨特投企，似乎才是重要的，不是嗎？

亦即對老人而言，最必要的就是預知與承認自己比任何人都提早衰退，並且對此預感謀求最佳解決良策，才是賢明的方式。如果波娃能以此作前提，那麼，她對老人在承認自己衰退和因應的力量上就該有所討論。因此，可以說波娃對合乎老人投企的方案思慮的並不圓融，是有欠缺的。

老人的「不屈」和壯年人的必有其不同區別，達成的水準、量、規模必有其限制，靠著小投企來燃燒大熱情的觀念才是有其必要的。到死仍從事晚年的偉大作品的米開朗基羅，他所作的事和他事業的規模成反比例的抱持著幻滅感拚命投注深怕不能完成。但相反的，達文西在晚年時由於風濕的緣故使他的畫作減少，但他仍然能自足而知性的滿足於他的平和的人生。

老人自身的責任

接著所要討論的問題是，對於老人自己負責任的觀念，波娃似乎寫的很少。在《第二性》的哲學中是以女性的劣性為導因，把事實用女性自己的責任來背負的思想。即使這種劣性是由社會所製造出來而賦加給女性的。但是，她仍認為女性本身也是社會的加害者，必須負有共犯的責任。而相反的對於老人，她則認為老人衰敗的責任與其歸咎於老人，不如歸咎於社會責任。

其實，喪失「不屈」的原因並不能完全歸咎於社會。例如：行為上的適應過度或自己誤導生活方式而使主體的熱情招致衰弱，這種人其實也是有的。但是，波娃所關心的主要是透過老人追溯到所有人的壯年期對社會制度的不當處理和制度的變革目標。這種想法當然是有其道理。然而《第二性》的著作，如果能把這種糾正不良社會的熱情專注於由自己負責衰敗的理論，讓自己在自足感中開花結果的鼓吹此種想法，似乎也是頗令人期待的。

但是，這種期待在波娃的理論中是會產生矛盾的。首先是她的超越主義，靠著投企不斷的超越現狀才能追求到自由。而當然地，對於滿足於行為成果並將之視為「自己的果實」的生活方式是不容否認的。其次是投企，其中並沒有小步驟為老人所思慮的有限度的投企，使老人也能在小投企中獲得滿足。老人的投企悲劇似乎只是不斷的接受「不屈」的挑戰而已。

波娃所描述的老人，若不是精神抖擻的老人，就是特權的老人因病衰弱的閉塞像。但實際上的老人像是介於兩者中的，並不偏激也並不太活力。但是，這點對於原本就精神強健的波娃來說，先前所提到的「期待」是無理的。

後序

本書是以波娃的思想中心加以整理而成的一本書。波娃所說的話很容易懂，但也因為這點使我們對其思想的理解感到困難。因為她的敘述相當的龐大而多岐之故。不用體系的語言，也是她的長處。

波娃的思想和她的生活態度密不可分，她的生活態度坦直，排斥自我欺瞞，若有不能認同者必認為是難讀的思想。因為她是作家的緣故，所著作的作品相當多。因此，要把她正確的形象呈現出來並不是容易的事情。

相信很多人讀她的作品，就深深地被她嚴厲批判女性的思想魅力所吸引。從波娃的作品去瞭解她，可以明白她是法國道德主義傳統的思想家。從她不喜好體系的意義來看她所擁有的是法式的思想。

她是作家，但同時也是一位思想家。這是很少有的。同時，她亦不屬於學院式的研究組織，故可說是在野的思想家。在國外，思想家不必侷限於學院組織，他們可能是教授，或是公司的職員，都具有其價值的存在，他們的學說一樣受到重視。這點所顯示的即是哲學輸入國的文化落差。

非學院主義的思想形成時代早日來臨。因為對現今的年輕女性來說，想單獨完成一項思想研究依然還是有很大的困難。但是，波娃的在野生存方式無疑是給這些女性們一個最大的鼓勵。

西蒙波娃年譜

西曆	年齡	年譜	社會事件參考
一九〇八		一月九日誕生於巴黎。父親是律師，母親是銀行家的女兒，天主教信徒。	
一〇	2	妹妹耶內努出生。	
一三	5	進人私塾。	
一四	6		六月第一次世界大戰爆發
一七	9	十月，和札札的會面。	十月蘇聯革命。
一八	10	母方的祖父銀行破產。父：放棄向上流社會的志向。	十一月第一次世界大戰結束。
二二	14	喪失信仰。	
二五	17	十月進入梭爾邦大學（Sorbonne，一二五三年創設）入學（在其他大學接受文學講義和天主教學院接受一般數學講義）。	
二六	18	進入卡利「社會部隊」。梭爾邦大學哲學講義。	
二七	19	得到梭爾邦文學和哲學的畢業證書（梭爾邦大學哲學第二名畢業）。	

一九二八	20	得到梭爾邦與mormal學派哲學的進級證書開始準備大學教授資格考試。	
二九	21	六月，遇到沙特。 十月，擔任高等中等學校非常勤講師，由於個人經濟自立，離家而住祖母家。 和沙特二年的契約結婚。 十一月，沙特服十八個月兵役。	世界恐慌。
三一	23	到馬塞學校赴任。	
三二	24	轉任盧昂。	
三四	26		希特勒成為總統。
三六	28	轉任巴黎莫里哀高中。	
三九	31	沙特被召集到爾爾隆斯駐屯。 十月，至兩所女子高等中學赴任。	九月，第二次世界大戰。
四〇	32	沙特被捕。	六月十七日法軍投降，巴黎被佔領。
四一	33	沙特從集中營脫逃，回巴黎。 小說《女賓客》被出版商看上。 小說《他人的血》開始寫作。	日向英美宣戰，發動太平洋戰爭。
四三	35	小說《女賓客》出版，以新進女作家的身分	義大利無條件投降。

		出道，離開教職。和卡繆等文學家認識。	
一九四四	36	出版哲學著作《庇呂斯與西奈阿斯》。	八月廿三日巴黎解放。
四五	37	出版《他人的血》及劇作《無用的嘴》。沙特辭去教職，兩人均成名。	五月德國投降。八月日本投降。
四六	38	小說《人無不死》出版。	
四七	39	哲學短文《論矛盾的道德》出版。第一次美國之旅，各大學演講。	美、蘇對立加深。
四八	40	短評《美國之每日》、評論《實存主義與常識》刊行。	
四九	41	女性論《第二性》出版。	北大西洋條約機構蓋章。東西德成立。中華人民共和國成立。
五〇	42	春，北非旅行。六月、十一月，美國旅行。	
五二	44	七月，挪威、英國、蘇聯旅行。獲汽車執照，買汽車。	馬丁事件。
五三	45	沙特和共產黨接近。	史達林逝世。
五四	46	小說《一代名流》出版。獲獎並奠立了作家	阿爾及利亞獨立戰爭。

		的地位。	美國試爆原子彈。
一九五五	47	和沙特多次拜訪中國。刊行《特權評論》。	
五六	48		匈牙利動亂。
五七	49	刊行《長征》評論。	荷蘭事件。
五八	50	自傳《少女時代》刊行。為阿爾及利亞的問題和共產黨共鬥。反對戴高樂的涉入。	赫魯雪夫任蘇聯總理。
五九	51	沙特的《阿爾托納的幽閉者》初演，使法國人銘記於心，印象深刻。	
六〇	52	自傳《青春年華》刊行。「一二一人宣言」（阿爾及利亞的不服從的權利宣言）的署名。	卡繆急逝。
六一	53	被右翼恐怖分子窺視。	甘迺迪當選美國總統。
六二	54	由於右翼分子所裝設的塑膠炸彈爆炸，沙特房屋被毀。	阿爾及利亞戰爭結束。
六三	55	自傳《時勢之力》刊行。《傑蜜拉、早晨近矣》刊行。	甘迺迪被暗殺。
六四	56	小說《凡事皆了》刊行。	
六五	57	車禍	越南戰爭擴大。
六六	58	小說《美麗的影像》刊行。日本訪問。	中國文化大革命。

一九六七	59	斯德哥爾摩法庭出席。	
六八	60	小說《危機的女人》刊行。	五月革命。傑克事件。
六九	61	與法國新左翼共感。	
七〇	62	刊行《晚年》的評論。參加女權主義示威。	羅素逝世。
七二	64	自傳《決算時刻》刊行。	
七八	70	電影「波娃評論自己」放映，而後此書出版	
八〇	72	四月十五日沙特逝世（享年七十五歲）。	
八三	75	四月十九日獲耶路撒冷國際文學獎。	
八六	78	四月十四日病逝於巴黎。	

大展出版社有限公司
品冠文化出版社

圖書目錄

地址：台北市北投區(石牌)
致遠一路二段12巷1號
郵撥：01669551＜大展＞
19346241＜品冠＞

電話：(02) 28236031
28236033
28233123
傳真：(02) 28272069

・熱門新知・品冠編號 67

1.	圖解基因與 DNA	（精）	中原英臣主編	230 元
2.	圖解人體的神奇	（精）	米山公啟主編	230 元
3.	圖解腦與心的構造	（精）	永田和哉主編	230 元
4.	圖解科學的神奇	（精）	鳥海光弘主編	230 元
5.	圖解數學的神奇	（精）	柳 谷 晃著	250 元
6.	圖解基因操作	（精）	海老原充主編	230 元
7.	圖解後基因組	（精）	才園哲人著	230 元
8.	圖解再生醫療的構造與未來		才園哲人著	230 元
9.	圖解保護身體的免疫構造		才園哲人著	230 元
10.	90 分鐘了解尖端技術的結構		志村幸雄著	280 元

・名人選輯・品冠編號 671

1.	佛洛伊德	傅陽主編	200 元
2.	莎士比亞	傅陽主編	200 元
3.	蘇格拉底	傅陽主編	200 元
4.	盧梭	傅陽主編	200 元

・圍棋輕鬆學・品冠編號 68

1.	圍棋六日通	李曉佳編著	160 元
2.	布局的對策	吳玉林等編著	250 元
3.	定石的運用	吳玉林等編著	280 元
4.	死活的要點	吳玉林等編著	250 元

・象棋輕鬆學・品冠編號 69

1.	象棋開局精要	方長勤審校	280 元
2.	象棋中局薈萃	言穆江著	280 元

・生活廣場・品冠編號 61

1.	366 天誕生星	李芳黛譯	280 元

2. 366天誕生花與誕生石	李芳黛譯	280元
3. 科學命相	淺野八郎著	220元
4. 已知的他界科學	陳蒼杰譯	220元
5. 開拓未來的他界科學	陳蒼杰譯	220元
6. 世紀末變態心理犯罪檔案	沈永嘉譯	240元
7. 366天開運年鑑	林廷宇編著	230元
8. 色彩學與你	野村順一著	230元
9. 科學手相	淺野八郎著	230元
10. 你也能成為戀愛高手	柯富陽編著	220元
11. 血型與十二星座	許淑瑛編著	230元
12. 動物測驗—人性現形	淺野八郎著	200元
13. 愛情、幸福完全自測	淺野八郎著	200元
14. 輕鬆攻佔女性	趙奕世編著	230元
15. 解讀命運密碼	郭宗德著	200元
16. 由客家了解亞洲	高木桂藏著	220元

・女醫師系列・品冠編號 62

1. 子宮內膜症	國府田清子著	200元
2. 子宮肌瘤	黑島淳子著	200元
3. 上班女性的壓力症候群	池下育子著	200元
4. 漏尿、尿失禁	中田真木著	200元
5. 高齡生產	大鷹美子著	200元
6. 子宮癌	上坊敏子著	200元
7. 避孕	早乙女智子著	200元
8. 不孕症	中村春根著	200元
9. 生理痛與生理不順	堀口雅子著	200元
10. 更年期	野末悅子著	200元

・傳統民俗療法・品冠編號 63

1. 神奇刀療法	潘文雄著	200元
2. 神奇拍打療法	安在峰著	200元
3. 神奇拔罐療法	安在峰著	200元
4. 神奇艾灸療法	安在峰著	200元
5. 神奇貼敷療法	安在峰著	200元
6. 神奇薰洗療法	安在峰著	200元
7. 神奇耳穴療法	安在峰著	200元
8. 神奇指針療法	安在峰著	200元
9. 神奇藥酒療法	安在峰著	200元
10. 神奇藥茶療法	安在峰著	200元
11. 神奇推拿療法	張貴荷著	200元
12. 神奇止痛療法	漆 浩 著	200元
13. 神奇天然藥食物療法	李琳編著	200元

14. 神奇新穴療法　吳德華編著　200 元
15. 神奇小針刀療法　韋丹主編　200 元

・常見病藥膳調養叢書・品冠編號 631

1. 脂肪肝四季飲食　蕭守貴著　200 元
2. 高血壓四季飲食　秦玖剛著　200 元
3. 慢性腎炎四季飲食　魏從強著　200 元
4. 高脂血症四季飲食　薛輝著　200 元
5. 慢性胃炎四季飲食　馬秉祥著　200 元
6. 糖尿病四季飲食　王耀獻著　200 元
7. 癌症四季飲食　李忠著　200 元
8. 痛風四季飲食　魯焰主編　200 元
9. 肝炎四季飲食　王虹等著　200 元
10. 肥胖症四季飲食　李偉等著　200 元
11. 膽囊炎、膽石症四季飲食　謝春娥著　200 元

・彩色圖解保健・品冠編號 64

1. 瘦身　主婦之友社　300 元
2. 腰痛　主婦之友社　300 元
3. 肩膀痠痛　主婦之友社　300 元
4. 腰、膝、腳的疼痛　主婦之友社　300 元
5. 壓力、精神疲勞　主婦之友社　300 元
6. 眼睛疲勞、視力減退　主婦之友社　300 元

・休閒保健叢書・品冠編號 641

1. 瘦身保健按摩術　聞慶漢主編　200 元
2. 顏面美容保健按摩術　聞慶漢主編　200 元
3. 足部保健按摩術　聞慶漢主編　200 元
4. 養生保健按摩術　聞慶漢主編　280 元

・心 想 事 成・品冠編號 65

1. 魔法愛情點心　結城莫拉著　120 元
2. 可愛手工飾品　結城莫拉著　120 元
3. 可愛打扮 & 髮型　結城莫拉著　120 元
4. 撲克牌算命　結城莫拉著　120 元

・少 年 偵 探・品冠編號 66

1. 怪盜二十面相　（精）　江戶川亂步著　特價 189 元
2. 少年偵探團　（精）　江戶川亂步著　特價 189 元

3. 妖怪博士 （精） 江戶川亂步著 特價 189 元
4. 大金塊 （精） 江戶川亂步著 特價 230 元
5. 青銅魔人 （精） 江戶川亂步著 特價 230 元
6. 地底魔術王 （精） 江戶川亂步著 特價 230 元
7. 透明怪人 （精） 江戶川亂步著 特價 230 元
8. 怪人四十面相 （精） 江戶川亂步著 特價 230 元
9. 宇宙怪人 （精） 江戶川亂步著 特價 230 元
10. 恐怖的鐵塔王國 （精） 江戶川亂步著 特價 230 元
11. 灰色巨人 （精） 江戶川亂步著 特價 230 元
12. 海底魔術師 （精） 江戶川亂步著 特價 230 元
13. 黃金豹 （精） 江戶川亂步著 特價 230 元
14. 魔法博士 （精） 江戶川亂步著 特價 230 元
15. 馬戲怪人 （精） 江戶川亂步著 特價 230 元
16. 魔人銅鑼 （精） 江戶川亂步著 特價 230 元
17. 魔法人偶 （精） 江戶川亂步著 特價 230 元
18. 奇面城的秘密 （精） 江戶川亂步著 特價 230 元
19. 夜光人 （精） 江戶川亂步著 特價 230 元
20. 塔上的魔術師 （精） 江戶川亂步著 特價 230 元
21. 鐵人Q （精） 江戶川亂步著 特價 230 元
22. 假面恐怖王 （精） 江戶川亂步著 特價 230 元
23. 電人M （精） 江戶川亂步著 特價 230 元
24. 二十面相的詛咒 （精） 江戶川亂步著 特價 230 元
25. 飛天二十面相 （精） 江戶川亂步著 特價 230 元
26. 黃金怪獸 （精） 江戶川亂步著 特價 230 元

・武 術 特 輯・大展編號 10

1. 陳式太極拳入門 馮志強編著 180 元
2. 武式太極拳 郝少如編著 200 元
3. 中國跆拳道實戰 100 例 岳維傳著 220 元
4. 教門長拳 蕭京凌編著 150 元
5. 跆拳道 蕭京凌編譯 180 元
6. 正傳合氣道 程曉鈴譯 200 元
7. 實用雙節棍 吳志勇編著 200 元
8. 格鬥空手道 鄭旭旭編著 200 元
9. 實用跆拳道 陳國榮編著 200 元
10. 武術初學指南 李文英、解守德編著 250 元
11. 泰國拳 陳國榮著 180 元
12. 中國式摔跤 黃 斌編著 180 元
13. 太極劍入門 李德印編著 180 元
14. 太極拳運動 運動司編 250 元
15. 太極拳譜 清・王宗岳等著 280 元
16. 散手初學 冷 峰編著 200 元
17. 南拳 朱瑞琪編著 180 元

18. 吳式太極劍	王培生著	200 元
19. 太極拳健身與技擊	王培生著	250 元
20. 秘傳武當八卦掌	狄兆龍著	250 元
21. 太極拳論譚	沈 壽著	250 元
22. 陳式太極拳技擊法	馬 虹著	250 元
23. 二十四式／三十二式 太極 拳／劍	闞桂香著	180 元
24. 楊式秘傳 129 式太極長拳	張楚全著	280 元
25. 楊式太極拳架詳解	林炳堯著	280 元
26. 華佗五禽劍	劉時榮著	180 元
27. 太極拳基礎講座：基本功與簡化 24 式	李德印著	250 元
28. 武式太極拳精華	薛乃印著	200 元
29. 陳式太極拳拳理闡微	馬 虹著	350 元
30. 陳式太極拳體用全書	馬 虹著	400 元
31. 張三豐太極拳	陳占奎著	200 元
32. 中國太極推手	張 山主編	300 元
33. 48 式太極拳入門	門惠豐編著	220 元
34. 太極拳奇人奇功	嚴翰秀編著	250 元
35. 心意門秘籍	李新民編著	220 元
36. 三才門乾坤戊己功	王培生編著	220 元
37. 武式太極劍精華＋VCD	薛乃印編著	350 元
38. 楊式太極拳	傅鐘文演述	200 元
39. 陳式太極拳、劍 36 式	闞桂香編著	250 元
40. 正宗武式太極拳	薛乃印著	220 元
41. 杜元化＜太極拳正宗＞考析	王海洲等著	300 元
42. ＜珍貴版＞陳式太極拳	沈家楨著	280 元
43. 24 式太極拳＋VCD	中國國家體育總局著	350 元
44. 太極推手絕技	安在峰編著	250 元
45. 孫祿堂武學錄	孫祿堂著	300 元
46. ＜珍貴本＞陳式太極拳精選	馮志強著	280 元
47. 武當趙堡太極拳小架	鄭悟清傳授	250 元
48. 太極拳習練知識問答	邱丕相主編	220 元
49. 八法拳 八法槍	武世俊著	220 元
50. 地趟拳＋VCD	張憲政著	350 元
51. 四十八式太極拳＋DVD	楊 靜演示	400 元
52. 三十二式太極劍＋VCD	楊 靜演示	300 元
53. 隨曲就伸 中國太極拳名家對話錄	余功保著	300 元
54. 陳式太極拳五功八法十三勢	闞桂香著	200 元
55. 六合螳螂拳	劉敬儒等著	280 元
56. 古本新探華佗五禽戲	劉時榮編著	180 元
57. 陳式太極拳養生功＋VCD	陳正雷著	350 元
58. 中國循經太極拳二十四式教程	李兆生著	300 元
59. ＜珍貴本＞太極拳研究	唐豪・顧留馨著	250 元
60. 武當三豐太極拳	劉嗣傳著	300 元
61. 楊式太極拳體用圖解	崔仲三編著	400 元

14.	精簡陳式太極拳 8 式、16 式	黃康輝編著	220 元
15.	精簡吳式太極拳＜36 式拳架・推手＞	柳恩久主編	220 元
16.	夕陽美功夫扇	李德印著	220 元
17.	綜合 48 式太極拳＋VCD	竺玉明編著	350 元
18.	32 式太極拳（四段）	宗維潔演示	220 元
19.	楊氏 37 式太極拳＋VCD	趙幼斌著	350 元
20.	楊氏 51 式太極劍＋VCD	趙幼斌著	350 元

・國際武術競賽套路・大展編號 103

1.	長拳	李巧玲執筆	220 元
2.	劍術	程慧琨執筆	220 元
3.	刀術	劉同為執筆	220 元
4.	槍術	張躍寧執筆	220 元
5.	棍術	殷玉柱執筆	220 元

・簡化太極拳・大展編號 104

1.	陳式太極拳十三式	陳正雷編著	200 元
2.	楊式太極拳十三式	楊振鐸編著	200 元
3.	吳式太極拳十三式	李秉慈編著	200 元
4.	武式太極拳十三式	喬松茂編著	200 元
5.	孫式太極拳十三式	孫劍雲編著	200 元
6.	趙堡太極拳十三式	王海洲編著	200 元

・導引養生功・大展編號 105

1.	疏筋壯骨功＋VCD	張廣德著	350 元
2.	導引保建功＋VCD	張廣德著	350 元
3.	頤身九段錦＋VCD	張廣德著	350 元
4.	九九還童功＋VCD	張廣德著	350 元
5.	舒心平血功＋VCD	張廣德著	350 元
6.	益氣養肺功＋VCD	張廣德著	350 元
7.	養生太極扇＋VCD	張廣德著	350 元
8.	養生太極棒＋VCD	張廣德著	350 元
9.	導引養生形體詩韻＋VCD	張廣德著	350 元
10.	四十九式經絡動功＋VCD	張廣德著	350 元

・中國當代太極拳名家名著・大展編號 106

1.	李德印太極拳規範教程	李德印著	550 元
2.	王培生吳式太極拳詮真	王培生著	500 元
3.	喬松茂武式太極拳詮真	喬松茂著	450 元
4.	孫劍雲孫式太極拳詮真	孫劍雲著	350 元

5. 王海洲趙堡太極拳詮真　王海洲著　500 元
6. 鄭琛太極拳道詮真　鄭琛著　450 元
7. 沈壽太極拳文集　沈壽著　630 元

・古代健身功法・大展編號 107

1. 練功十八法　蕭凌編著　200 元
2. 十段錦運動　劉時榮編著　180 元
3. 二十八式長壽健身操　劉時榮著　180 元
4. 三十二式太極雙扇　劉時榮著　160 元
5. 龍形九勢健身法　武世俊著　180 元

・太極跤・大展編號 108

1. 太極防身術　郭慎著　300 元
2. 擒拿術　郭慎著　280 元
3. 中國式摔角　郭慎著　350 元

・原地太極拳系列・大展編號 11

1. 原地綜合太極拳 24 式　胡啟賢創編　220 元
2. 原地活步太極拳 42 式　胡啟賢創編　200 元
3. 原地簡化太極拳 24 式　胡啟賢創編　200 元
4. 原地太極拳 12 式　胡啟賢創編　200 元
5. 原地青少年太極拳 22 式　胡啟賢創編　220 元
6. 原地兒童太極拳 10 捶 16 式　胡啟賢創編　180 元

・名師出高徒・大展編號 111

1. 武術基本功與基本動作　劉玉萍編著　200 元
2. 長拳入門與精進　吳彬等著　220 元
3. 劍術刀術入門與精進　楊柏龍等著　220 元
4. 棍術、槍術入門與精進　邱丕相編著　220 元
5. 南拳入門與精進　朱瑞琪編著　220 元
6. 散手入門與精進　張山等著　220 元
7. 太極拳入門與精進　李德印編著　280 元
8. 太極推手入門與精進　田金龍編著　220 元

・實用武術技擊・大展編號 112

1. 實用自衛拳法　溫佐惠著　250 元
2. 搏擊術精選　陳清山等著　220 元
3. 秘傳防身絕技　程崑彬著　230 元
4. 振藩截拳道入門　陳琦平著　220 元

5.	實用擒拿法	韓建中著	220 元
6.	擒拿反擒拿 88 法	韓建中著	250 元
7.	武當秘門技擊術入門篇	高翔著	250 元
8.	武當秘門技擊術絕技篇	高翔著	250 元
9.	太極拳實用技擊法	武世俊著	220 元
10.	奪凶器基本技法	韓建中著	220 元
11.	峨眉拳實用技擊法	吳信良著	300 元
12.	武當拳法實用制敵術	賀春林主編	300 元
13.	詠春拳速成搏擊術訓練	魏峰編著	280 元
14.	詠春拳高級格鬥訓練	魏峰編著	280 元
15.	心意六合拳發力與技擊	王安寶編著	220 元

・中國武術規定套路・大展編號 113

1.	螳螂拳	中國武術系列	300 元
2.	劈掛拳	規定套路編寫組	300 元
3.	八極拳	國家體育總局	250 元
4.	木蘭拳	國家體育總局	230 元

・中華傳統武術・大展編號 114

1.	中華古今兵械圖考	裴錫榮主編	280 元
2.	武當劍	陳湘陵編著	200 元
3.	梁派八卦掌（老八掌）	李子鳴遺著	220 元
4.	少林 72 藝與武當 36 功	裴錫榮主編	230 元
5.	三十六把擒拿	佐藤金兵衛主編	200 元
6.	武當太極拳與盤手 20 法	裴錫榮主編	220 元
7.	錦八手拳學	楊永著	280 元
8.	自然門功夫精義	陳懷信編著	500 元
9.	八極拳珍傳	王世泉著	330 元
10.	通臂二十四勢	郭瑞祥主編	280 元
11.	六路真跡武當劍藝	王恩盛著	230 元

・少林功夫・大展編號 115

1.	少林打擂秘訣	德虔、素法編著	300 元
2.	少林三大名拳 炮拳、大洪拳、六合拳	門惠豐等著	200 元
3.	少林三絕 氣功、點穴、擒拿	德虔編著	300 元
4.	少林怪兵器秘傳	素法等著	250 元
5.	少林護身暗器秘傳	素法等著	220 元
6.	少林金剛硬氣功	楊維編著	250 元
7.	少林棍法大全	德虔、素法編著	250 元
8.	少林看家拳	德虔、素法編著	250 元
9.	少林正宗七十二藝	德虔、素法編著	280 元

8.	青詞碧簫：道教文學藝術	楊光文等著	250 元
9.	沈博絕麗：道教格言精粹	朱耕發等著	250 元

・易學智慧・大展編號 122

1.	易學與管理	余敦康主編	250 元
2.	易學與養生	劉長林等著	300 元
3.	易學與美學	劉綱紀等著	300 元
4.	易學與科技	董光壁著	280 元
5.	易學與建築	韓增祿著	280 元
6.	易學源流	鄭萬耕著	280 元
7.	易學的思維	傅雲龍等著	250 元
8.	周易與易圖	李申著	250 元
9.	中國佛教與周易	王仲堯著	350 元
10.	易學與儒學	任俊華著	350 元
11.	易學與道教符號揭秘	詹石窗著	350 元
12.	易傳通論	王博著	250 元
13.	談古論今說周易	龐鈺龍著	280 元
14.	易學與史學	吳懷祺著	230 元
15.	易學與天文學	盧央著	230 元
16.	易學與生態環境	楊文衡著	230 元
17.	易學與中國傳統醫學	蕭漢明著	280 元
18.	易學與人文	羅熾等著	280 元

・神算大師・大展編號 123

1.	劉伯溫神算兵法	應涵編著	280 元
2.	姜太公神算兵法	應涵編著	280 元
3.	鬼谷子神算兵法	應涵編著	280 元
4.	諸葛亮神算兵法	應涵編著	280 元

・鑑往知來・大展編號 124

1.	《三國志》給現代人的啟示	陳羲主編	220 元
2.	《史記》給現代人的啟示	陳羲主編	220 元
3.	《論語》給現代人的啟示	陳羲主編	220 元
4.	《孫子》給現代人的啟示	陳羲主編	220 元
5.	《唐詩選》給現代人的啟示	陳羲主編	220 元
6.	《菜根譚》給現代人的啟示	陳羲主編	220 元
7.	《百戰奇略》給現代人的啟示	陳羲主編	250 元

・秘傳占卜系列・大展編號 14

1.	手相術	淺野八郎著	180 元

2.	人相術	淺野八郎著	180 元
3.	西洋占星術	淺野八郎著	180 元
4.	中國神奇占卜	淺野八郎著	150 元
5.	夢判斷	淺野八郎著	150 元
7.	法國式血型學	淺野八郎著	150 元
8.	靈感、符咒學	淺野八郎著	150 元
10.	ESP 超能力占卜	淺野八郎著	150 元
11.	猶太數的秘術	淺野八郎著	150 元
13.	塔羅牌預言秘法	淺野八郎著	200 元

・趣味心理講座・大展編號 15

1.	性格測驗（1） 探索男與女	淺野八郎著	140 元
2.	性格測驗（2） 透視人心奧秘	淺野八郎著	140 元
3.	性格測驗（3） 發現陌生的自己	淺野八郎著	140 元
4.	性格測驗（4） 發現你的真面目	淺野八郎著	140 元
5.	性格測驗（5） 讓你們吃驚	淺野八郎著	140 元
6.	性格測驗（6） 洞穿心理盲點	淺野八郎著	140 元
7.	性格測驗（7） 探索對方心理	淺野八郎著	140 元
8.	性格測驗（8） 由吃認識自己	淺野八郎著	160 元
9.	性格測驗（9） 戀愛的心理	淺野八郎著	160 元
10.	性格測驗（10）由裝扮瞭解人心	淺野八郎著	160 元
11.	性格測驗（11）敲開內心玄機	淺野八郎著	140 元
12.	性格測驗（12）透視你的未來	淺野八郎著	160 元
13.	血型與你的一生	淺野八郎著	160 元
14.	趣味推理遊戲	淺野八郎著	160 元
15.	行為語言解析	淺野八郎著	160 元

・婦 幼 天 地・大展編號 16

1.	八萬人減肥成果	黃靜香譯	180 元
2.	三分鐘減肥體操	楊鴻儒譯	150 元
3.	窈窕淑女美髮秘訣	柯素娥譯	130 元
4.	使妳更迷人	成　玉譯	130 元
5.	女性的更年期	官舒妍編譯	160 元
6.	胎內育兒法	李玉瓊編譯	150 元
7.	早產兒袋鼠式護理	唐岱蘭譯	200 元
9.	初次育兒 12 個月	婦幼天地編譯組	180 元
10.	斷乳食與幼兒食	婦幼天地編譯組	180 元
11.	培養幼兒能力與性向	婦幼天地編譯組	180 元
12.	培養幼兒創造力的玩具與遊戲	婦幼天地編譯組	180 元
13.	幼兒的症狀與疾病	婦幼天地編譯組	180 元
14.	腿部苗條健美法	婦幼天地編譯組	180 元
15.	女性腰痛別忽視	婦幼天地編譯組	150 元

國家圖書館出版品預行編目資料

西蒙波娃／傅　陽主編
－初版－臺北市，品冠，民 97.01
面；21 公分－（名人選輯；8）
ISBN 978-957-468-585-1（平裝）
1.波娃(Beauvoir, Simone, de, 1908-1986)　2.傳記
3.學術思想
784.28　　　　96021719

西蒙波娃

ISBN 978-957-468-585-1

主 編 者／傅　陽
發 行 人／蔡　孟　甫
出 版 者／品冠文化出版社
社　　址／台北市北投區（石牌）致遠一路 2 段 12 巷 1 號
電　　話／(02) 28233123・28236031・28236033
傳　　真／(02) 28272069
郵政劃撥／19346241(品冠)
網　　址／www.dah-jaan.com.tw
E-mail／service@dah-jaan.com.tw
承 印 者／國順文具印刷行
裝　　訂／建鑫裝訂有限公司
排 版 者／千兵企業有限公司
初版1刷／2008 年（民 97 年） 1 月

定　價／200 元

大展好書　好書大展
品嘗好書　冠群可期